企业社会责任行为驱动机制
与影响效应研究

马苓　高记◎著

科学出版社
北京

内 容 简 介

本书在企业社会责任内涵、发展历程及现状的基础上，通过典型案例分析和大样本调查，双重验证了企业社会责任行为驱动机制与影响效应。研究成果可为企业开展社会责任实践提供具体的指导建议，也可以帮助企业在履行社会责任的实践中引导员工产生更加积极的行为，从而实现企业社会责任积极效果的最大化与企业的可持续发展。

本书具有较好的适用性与实用性，可供研究生、本科生以及关注企业社会责任的管理者与研究人员参考。

图书在版编目（CIP）数据

企业社会责任行为驱动机制与影响效应研究 / 马苓，高记著. —北京：科学出版社，2023.8

ISBN 978-7-03-076101-9

Ⅰ. ①企⋯ Ⅱ. ①马⋯ ②高⋯ Ⅲ. ①企业责任-社会责任-研究-中国 Ⅳ. ①F279.2

中国国家版本馆 CIP 数据核字（2023）第 143149 号

责任编辑：徐　倩 / 责任校对：姜丽策
责任印制：张　伟 / 封面设计：有道设计

科学出版社 出版
北京东黄城根北街 16 号
邮政编码：100717
http://www.sciencep.com
北京中科印刷有限公司 印刷
科学出版社发行　各地新华书店经销

*

2023 年 8 月第 一 版　开本：720×1000　1/16
2023 年 8 月第一次印刷　印张：11 1/2
字数：232 000
定价：118.00 元
（如有印装质量问题，我社负责调换）

序

随着科技变革的加快推进和经济社会的转型发展，中国企业迅速壮大，为现代化建设和社会繁荣稳定做出了巨大贡献。然而，在企业经营业绩不断提升的同时，企业社会责任的履行情况却参差不齐，企业社会责任意识还有待提高。一方面，各行各业在新冠疫情背景之下认真贯彻统筹疫情防控和经济发展等系列政策，积极捐款捐物，投身抗疫一线，一些平台企业嵌入"疫情防控"界面提供大数据服务等，体现了新时代背景下企业对履行社会责任的重视；另一方面，产品质量与安全、生产条件、资源浪费、环境污染及劳资纠纷等问题却时有出现。在新的时代背景下，企业要赢得社会的尊重，不仅要在提高经营效率和经营业绩上做出贡献，还要积极履行社会责任，以寻求包括经济效益、社会效益、生态效益等在内的综合价值的最大化。

学界关于企业社会责任的研究是从20世纪50年代开始的，鲍恩（Bowen）的《商人的社会责任》被看作现代企业社会责任研究的开端，书中对商人社会责任做了最初的定义，即商人要根据社会的目标和价值来制定政策、做出决策或者遵循行动规则[1]。之后，随着研究的深入，学者不断丰富企业社会责任的内涵，开始探索企业需要承担什么样的社会责任，企业承担社会责任的前因及后果等，从而使关于企业社会责任的研究更加具体。从已有文献来看，国内外学者对企业社会责任驱动因素主要从企业内部和外部进行分类；主要基于利益相关者视角以及政府、社会、企业的视角进行研究；关于企业社会责任结果的研究主要集中在微观层面，包括企业社会责任对财务绩效、社会声誉等的影响。此外，员工作为企业重要的内部利益相关者，也是企业社会责任实践活动的参与者和执行者，管理者开始关注如何制定相关政策，将企业社会责任融入内部管理实践，与员工主动性结合起来。

马苓和高记所著的《企业社会责任行为驱动机制与影响效应研究》一书，回答了企业社会责任行为驱动机制与影响效应这一重要问题，通过典型案例分析和

---

[1] Bowen H. Social Responsibility of the Businessman[M]. New York：Harper & Row，1953.

大样本调查，双重验证了高层领导对企业社会责任的核心驱动机制；基于组织实践与员工行为两个层次的变量关系，跨层次审视了企业社会责任的内部效果；从员工视角出发，动态追踪企业社会责任对员工心理与行为影响的变化规律。这些研究成果，可为企业开展社会责任实践提供具体的指导建议，也可以帮助企业在履行社会责任的实践中引导员工产生更加积极的行为，从而实现企业社会责任积极效果的最大化与企业的可持续发展。

　　受作者之邀，特作此序。

南京大学人文社会科学资深教授、

商学院名誉院长、行知书院院长

2023 年 2 月 23 日于南京大学

前　　言

　　企业社会责任行为的驱动机制与影响效应一直是组织行为与人力资源管理研究者和实践者关心的热点话题，对于该问题的解答有利于明确企业社会责任行为的核心驱动机制，明晰企业社会责任行为对员工的影响效应研究，为企业承担社会责任提供具有参考价值的建议，具有重要的理论和实践意义。

　　企业社会责任（corporate social responsibility，CSR）是指企业建立在经济利益之外的积极影响利益相关者的行为（Turker，2009），也可划分为对外部利益相关者的企业社会责任和对内部员工的企业社会责任两个维度（Farooq et al.，2017）。目前，企业社会责任成为相关研究的主流，但是近些年的研究多探讨哪些因素触发企业社会责任实践行为，多关注员工个体的企业社会责任感知对其行为的影响，且对企业社会责任效果的研究多为静态分析，在组织层面和员工层面的跨层次研究以及动态研究方面还有待深入探索。

　　本书在企业社会责任内涵、发展历程及现状的基础上，明确企业社会责任履行的核心驱动要素，构建企业社会责任对员工态度和行为的影响效应机制：①伦理型领导对企业社会责任的影响作用；②战略型领导对企业社会责任的影响作用；③真实型领导对员工敬业度的影响机制；④企业社会责任对员工敬业度的跨层次影响；⑤企业社会责任对员工创新行为的影响机制；⑥企业社会责任对员工非伦理行为的跨层次影响；⑦社会责任型人力资源管理对员工主动行为的跨层次影响。

　　本书的特点和创新之处主要体现在以下两个方面。

　　第一，明确企业社会责任履行的核心驱动要素。本书确定高层领导对企业社会责任影响这一逻辑主线，选择组织健康的视角为切入点，展开企业社会责任行为驱动机制研究。具体构建了伦理型领导对组织健康的影响机制模型和战略型领导对企业社会责任行为的影响机制模型，并通过实证研究对模型进行了验证。

　　第二，构建企业社会责任对员工态度和行为的影响效应。本书考察了企业社会责任履行对员工态度和行为的影响效应与机制，从组织层面和员工层面进行跨层次研究，揭示了企业社会责任行为的影响效应机理。

　　本书是众多作者的辛勤结晶，马苓教授负责全书的研究设计、指导与撰写，各章作者如下：第 1 章由高记撰写；第 2 章由马苓、张东雪、许朋、石盛卿撰写；第 3 章由马苓、陈昕、严小强撰写；第 4 章由马苓、蒋明谕、严小强、范玉晶、弗兰西斯卡·阿伯（Francisca Arboh）撰写；第 5 章由马苓、高记撰写。

　　特别感谢国家自然科学基金对本书予以资助，使我们有机会研究企业社会责任行为的驱动机制及影响效应这一问题。在案例研究和问卷调查过程中得到了四川海底捞餐饮股份有限公司（以下简称海底捞）以及河北工业大学工商管理硕士（master of business administration，MBA）教育中心的支持和帮助。研究生王艺彬、苏晓闪、刘硕、刘玉、牛艳晓也参与了文献资料的整理工作。在此，我们表示衷心感谢！也对所有接受我们调研或提供资料的单位和个人表示诚挚的谢意！

　　尽管我们努力地修改完善，但是书中难免存在不足之处，敬请广大读者批评指正，以便我们在后续研究中加以改进。

马苓　高记

2022 年 11 月 30 日

目　　录

第1章 绪 论

1.1 研 究 背 景

1.1.1 企业社会责任理论起源

企业社会责任研究的发展历程是一个争辩的过程，该争辩过程从 20 世纪 30 年代哈佛大学伯利（Berle）教授和多德（Dodd）教授的著名论战开始一直持续至今天。两位教授围绕着"企业为什么要履行社会责任"（合理性）、"企业履行什么样的社会责任"（内涵）、"企业采取什么样的方式履行社会责任"（措施）等问题提出了许多卓有成就的观点。20 世纪 50 年代，伴随着"伯利-多德"论战，企业社会责任的研究争论范围在宽度和深度上都得到了极大的拓展，有关企业社会责任理论的研究开始真正发展起来。80 年代后，随着理论研究的深入，企业将实际问题与理论结合起来，对社会环境变动的回应不再是一种"顺其自然"，而是学会开始排除企业参与社会活动所面临的障碍，企业社会绩效思想由此出现。90 年代至今，企业社会责任的理论基础变得更加广泛，利益相关者理论、社会契约理论、企业公民理论、制度理论、系统理论等都涵盖其中，这也使得企业社会责任的研究有了很大扩展。

1.1.2 企业社会责任的内涵

在 20 世纪 50 年代之前，企业社会责任处于早期萌芽阶段。一般认为，关于现代企业社会责任的研究是从 20 世纪 50 年代开始的。Bowen（1953）的《商人的社会责任》一书被看作现代企业社会责任研究的开端，他的企业社会责任观点来源于企业行动在很多方面都关系到市民的生活。书中对商人的社会责任做了最初的定义，认为商人要根据社会的目标和价值来制定政策、做出决策或者遵循行动规则。20 世纪 60 年代，关于企业社会责任定义的文献迅速增多，其中最具有代表性的是 Davis（1960）提出的"责任铁律"，认为责任和权力应该相伴而来，企业社会责任是企业应该承担除经济和法律之外的其他责任。随后，学者逐渐将企业社会责任的内涵更加具体化，转向探索企业需要承担什么样的社会责任。Carroll（1979）提出的企业社会责任金字塔模型在学术界被广泛应用，即企业应承担经济、法律、伦理及慈善四个层次的责任，其中经济责任是企业生存发展的基础，法律、伦理及慈善责任在此基础上依次递进。比较有代表性的是 Freeman（1984）认为企业应该对在公司中存有利益或具有索取权的群体负责，包括供应商、雇员、客户、社区等。

1.1.3　我国企业社会责任履行情况

我国在推动企业履行社会责任方面的具体途径和取得的成果主要有如下四个方面。

1. 政府政策颁布

2006 年 10 月，党的十六届六中全会审议通过的《中共中央关于构建社会主义和谐社会若干重大问题的决定》中明确提出："广泛开展和谐创建活动，形成人人促进和谐的局面。"着眼于增强公民、企业、各种组织的社会责任，不但对企业履行社会责任提出了明确要求，而且要求公民、各种组织都要增强社会责任意识。2006 年，我国通过了《中华人民共和国公司法》修订案，要求公司履行社会责任，颁布了 3 部环境行政法规和 26 部规范性文件，国家环保总局单独或联合其他部委颁布了 11 个部门规章。2008 年 1 月 4 日，国务院国有资产监督管理委员会发布了《关于中央企业履行社会责任的指导意见》，第一次通过系统性、纲领性文件对我国中央企业履行社会责任提出要求，指出了中央企业充分认识履行社会责任的重要意义，提出了中央企业履行社会责任的八大领域，为中央企业成为中国履行社会责任的先锋群体奠定了基础。2016 年，国务院国有资产监督管理委员会出台了《关于国有企业更好履行社会责任的指导意见》。2021 年，国务院国有资产监督管理委员会将 ESG（environmental, social and governance，环境、社会及治理）纳入推动企业履行社会责任的重点工作。

2. 地方标准出台

2008 年 11 月 29 日，浦东新区的《企业社会责任导则》经上海市质量技术监督局发布，上升为上海市地方标准，并自 2009 年 1 月 1 日起在上海市推广实施，这是我国第一个企业社会责任的地方标准，为我国企业社会责任地方标准体系的建立设定了框架。深圳市参照 ISO 26000 标准于 2015 年 4 月出台了《关于进一步促进企业社会责任建设的意见》，以及与之配套的两个标准化技术指导文件，即《企业社会责任要求》和《企业社会责任评价指南》，组成了国内首个企业社会责任地方标准体系，被媒体形象地称为企业社会责任"深圳标准"。该标准根据深圳实际进行了充实，将劳动者的工作合同、工时、工资、社区建设、企业反腐等内容纳入其中。之后各地相继出台地方标准，如 2019 年河南省企业社会责任促进中心牵头起草的《〈民营企业社会责任评价与管理指南〉河南省地方标准（修订稿）》通过了相关行业专家审核。

3. 金融导向约束

通过资本引导，促进企业采取相应的社会责任行为。这一做法被称为社会责任投资（socially responsible investment，SRI），也称伦理投资或绿色投资，通过综合考虑经济、社会和环境等因素，使用多种策略筛除那些在履行社会责任方面表现不佳的公司股票，促进公司承担相应的社会责任，从而促进企业与社会可持续发展。中央银行早在 1995 年就出台了《关于贯彻信贷政策与加强环境保护工作有关问题的通知》，明确提出对有污染的新项目，在给予固定投资贷款时，银行必须向环保部门了解项目的环境风险、环保审查状况。2007 年 7 月 12 日，国家环保总局、中国人民银行和中国银行业监督管理委员会联合发布了《关于落实环境保护政策法规防范信贷风险的意见》，提出了全新的信贷政策，要求银行对不符合产业政策和环境违法的企业和项目进行信贷控制。中国人民银行和国家环保总局联合出台环保信贷政策，标志着我国社会责任投资的大环境开始形成，环保责任投资成为金融机构日常经营中的必修课。各地也在积极推出信贷政策约束企业环保行为，如 2022 年江苏省财政厅、生态环境厅印发《江苏省普惠金融发展风险补偿基金项下环保贷产品工作方案》，引导金融机构加大环保企业信贷支持力度。

4. 行业协会推进

中国企业联合会是国内最早从事企业社会责任活动的组织，该协会先后与联合国组织、有关国家使馆联合组织了多次企业社会责任会议和讨论，主办了一系列以社会责任为主题的论坛和大会。中国企业联合会全球契约推进办公室自 2005 年成立以来，在帮助中国企业加入全球契约、撰写和发布企业社会责任报告、开展社会责任理论研究等方面做了大量卓有成效的工作。2006 年，中国纺织工业协会正式启动了纺织企业社会责任管理体系（CSC9000T）试点项目，帮助国内 11 家纺织企业改善社会责任绩效，2007 年 CSC9000T 试点产业集群骨干企业增至 113 家。虽然 CSC9000T 体系并非强制认证，但它为中国纺织企业履行社会责任指明了方向，为持续提升社会责任管理水平提供了系统工具。中国工业经济联合会与煤炭、机械、钢铁、石化、轻工、纺织、建材、有色金属、电力、矿业等 11 个工业行业的协会和联合会，于 2008 年 4 月 2 日联合发布了《中国工业企业及工业协会社会责任指南》和《关于倡导并推进工业企业及工业协会履行社会责任的若干意见》。除了制定行业标准，行业协会还积极发布行业社会责任报告，如中国银行业协会正式发布了《2021 年中国银行业社会责任报告》；中国保险行会协会发布了《2020 中国保险业社会责任报告》；中国煤炭工业协会组织召开第十一次煤炭行业社会责任报告发布会，发布了《煤炭行业社会责任蓝皮书（2022）》。

以上的企业社会实践成果表明政府部门、社会公众、新闻媒体、非政府组织、行业协会等企业利益相关方的社会责任意识开始觉醒，从各个角度以各种方式向企业施压，形成了形式各异的责任运动，要求企业承担更多的社会责任。这些企业社会责任运动为我国企业履行社会责任提供了强大的内在动力，也施加了巨大的外在压力，使履行社会责任成为企业生存发展的必修课。

1.2　研　究　框　架

1.2.1　研究目的

本书主要聚焦两个问题。第一，探究企业社会责任行为的驱动机制，即分析哪些内外在因素促使企业积极履责。有学者研究了领导者对企业社会责任行为的驱动作用，其中管理者越关注公司活动对社会和环境的影响，则越会更好地履行社会责任、自觉减少税收规避行为。本书基于这一视角深入探究高管因素对企业社会责任行为的驱动机制。第二，分析企业社会责任行为如何对员工的态度和行为产生影响。员工作为组织的重要利益相关者之一，如何促进员工与组织利益交换顺利进行是学术界及企业所关注的问题。本书深入探究企业社会责任承担得到内部员工的认可，并带来积极行为效应的过程。

1.2.2　研究内容安排

本书共分为五章：

第 1 章为绪论，主要阐述总体的研究背景及意义，说明研究内容和方法、研究过程、取得的主要研究成果，总结研究创新点。

第 2 章检验高层领导对企业社会责任的影响。首先，基于动态能力视角进行伦理型领导与组织健康内涵及作用关系的案例研究；其次，进行伦理型领导对组织健康要素影响的实证检验；最后，从组织合法性的视角进行战略型领导对企业社会责任行为影响的实证研究。

第 3 章检验企业社会责任对员工敬业度的影响。首先，基于海底捞的案例探讨企业社会责任促使员工敬业的内在机制；其次，通过实证研究，检验真实型领导对员工敬业度的影响机制；最后，基于社会交换理论，检验企业社会责任对员工敬业度的跨层次影响。

第4章检验企业社会责任对员工行为的影响。首先，检验企业社会责任对员工创新行为的影响机制；其次，检验企业社会责任对员工非伦理行为的跨层次影响；最后，探讨社会责任型人力资源管理对员工主动行为的跨层次影响机制。

第 5 章为总结与展望。总结本书的主要结论，并对今后的研究工作进行展望。

1.2.3　研究意义

1. 理论意义

（1）进一步明确企业社会责任行为的核心驱动机制。以往诸多研究探讨哪些因素触发企业社会责任实践行为，本书通过现实案例分析结合问卷调查，双重验证了高层领导对企业社会责任的核心驱动机制。研究成果将进一步推动企业社会责任驱动机制的研究。

（2）透视组织的社会责任行为实践对员工行为影响的跨层次效应。以往研究大多关注员工个体的企业社会责任感知对其行为的影响，本书基于组织实践与员工行为两个层次的变量关系，跨层次审视企业社会责任的内部效果。研究成果将拓展企业社会责任内部实践效果的研究范畴，推动企业社会责任在宏观层面与微观层面研究的融合。

（3）推进企业社会责任对员工行为的动态影响机制研究。以往研究大多对企业社会责任效果进行静态考察，本书将从动态的视角追踪企业社会责任对员工心理与行为影响的变化规律。研究成果将识别企业社会责任对于员工行为的驱动力，进一步深化企业社会责任对员工行为影响的动态性认识。

2. 实践意义

（1）探究企业社会责任的驱动机制，为企业实施社会责任行为提供了具体的指导建议。本书从领导者对企业社会责任履行影响的视角出发，发现伦理型领导和战略型领导能有效驱动企业实施社会责任行为。

（2）深入解析企业社会责任对员工行为的影响机制，帮助企业在采取社会责任行为后引导员工产生更加积极的行为效果。本书验证了企业社会责任有助于提升员工的敬业度，促进员工创新行为和员工主动行为，还有助于抑制非伦理行为。通过探索企业社会责任对员工心理和行为影响的过程和机理，发现企业社会责任内部效果的演变规律，从而帮助企业掌握引导员工心理和行为的关键环节，使企业在采取了某种社会责任行为后，可以通过对员工的引导，实现企业社会责任积极效果的最大化。

1.3　研究方法与过程

1.3.1　研究方法

（1）文献分析法。通过检索及分析，系统梳理了有关文献，从而为本书的理论框架及案例研究、实证研究奠定基础。

（2）案例研究法。借鉴新加坡学者潘善琳总结出的 SPS（structure pragmatic situational，结构化-实用化-情境化）案例研究方法论，使用 NVivo 质性分析软件对案例企业的资料进行文本分析和三阶段编码，在此基础上构建概念模型和关系模型。

（3）问卷调查法。本书采用大样本调查的方法，在两个不同层次（个体层、组织层）进行多时点的纵贯数据采集，收集企业及高管的样本数据，进行相关数据分析，以验证理论模型。

1.3.2　研究过程

本书研究过程共分为以下两个步骤。

第一，明确企业社会责任履行的核心驱动要素。通过文献研究和前期调研，确定高层领导对企业社会责任影响这一逻辑主线，选择组织健康的视角为切入点，展开企业社会责任行为驱动机制研究。具体构建了伦理型领导对组织健康的影响机制模型和战略型领导对企业社会责任行为的影响机制模型，并通过案例研究和大样本调查研究对模型进行了验证。

第二，构建企业社会责任对员工态度和行为的影响效应模型。通过文献研究和前期调研，确定了员工敬业度、员工创新行为、非伦理行为和主动行为四个重要的员工态度行为变量，考察企业社会责任履行对员工态度行为的影响效应和机制，揭示了企业社会责任行为的影响效应机理。

1.4　研究创新点

（1）在研究层次上，突破了关于企业社会责任在组织行为与人力资源管理领域中员工感知层面的研究局限，本书强调企业层面与个体层面跨层次因素相融合的影响效应。

已有研究中侧重于对员工感知和员工的态度与行为之间的关系进行研究，但要深入探讨为什么相同的组织环境下会产生差异化的员工行为，就必须从组织层面入手研究企业行为对员工个体的影响机理，并充分考虑组织文化、雇佣关系、领导风格等企业内部因素对员工行为的影响。因此，本书选择从组织层面和员工层面进行跨层次研究，以期找到企业行为与员工反应之间的本质联系。

（2）在研究方法上，超越了基于一次性横截面研究设计的静态研究方法，本书采用多时点数据收集为特征的动态追踪方法，便于有效分析企业社会责任对员工行为影响效应的动态变化轨迹。

已有研究大多采用的是静态研究方法，虽然能够在一定程度上解释变量之间的关系，但是忽视了员工对于企业社会责任实践的感知和内化过程，难以解释员工在态度和行为上的变化。因此，本书选择动态研究方法，通过探索企业社会责任实践对员工的短期和长期影响，发现员工对企业社会责任的反应规律，以便进一步揭示企业内部其他因素对员工反应的影响作用。

第 2 章 高层领导对企业社会责任的影响：以组织健康为导向

2.1 伦理型领导与组织健康的内涵及其作用关系：基于动态能力视角的案例研究

　　伴随着知识经济和共享经济的到来，企业的生存环境变得越来越复杂，竞争也日趋激烈。企业的财务成功和健康的组织内环境长期以来被视为两个同等重要的企业目标（Shoaf et al.，2004）。然而，一个健康的组织不仅需要在组织环境下生存，而且还要能长期运行、持续发展并具有处理有关问题的能力（Miles，1969）。可见，企业只追求战略、技术、财务、市场等竞争优势的时代已经成为过去，而组织健康将成为一种简单、有效的竞争优势（Bazigos，2015）。

　　实践中，很多组织在注重绩效的同时，积极关注员工的健康以及社会责任的承担。例如，上市公司每年不仅发布年报来披露成绩，还会发布社会责任报告，披露组织对员工的关注、对利益相关者的责任以及环境保护等方面的贡献。但与此同时，一些组织中的道德丑闻和员工死亡事件频繁被披露，高层领导者的道德行为与员工健康的问题日益受到关注。从毒奶粉事件到地沟油事件，从员工跳楼事件到员工过劳死事件，从商业贿赂事件到偷税漏税和行贿事件，都严重侵犯了消费者、员工和社会的利益。还有一系列的排废、排污事件，甚至影响到了人类与环境的协调和可持续发展。

　　由以上的实践背景产生了两个有待解决的问题：一是讲求伦理的领导和健康的组织应该是什么样子的？二是在动态复杂的环境中，领导的伦理行为如何对组织健康产生影响？Bass（1985）提出组织的成功与否有45%~65%的因素是由领导行为所决定的。领导的管理认知首先影响企业的信息搜寻、解释及过滤，使得企业的战略变革和战略决策受到影响和推动，进而使企业能够快速适应环境，并成为企业获取竞争优势的决定力量（尚航标和黄培伦，2010）。一个组织要想平衡经济效益与社会价值，必须首先重塑自身伦理观，切实地让每位成员感知并认同其正确的伦理主张，进而逐步与多个利益相关者实现行动匹配和利益共赢（莫申江和王重鸣，2010）。以往研究都强调了在动态竞争环境下，领导行为特别是伦理行为对于促进组织持续竞争力的获取以及健康可持续发展至关重要，但这些观点还需要案例的推演和实证的检验。基于此，本书试图以典型案例企业为研究对象，推演在动态能力视角下伦理型领导与组织健康的内涵与作用关系，为民营企业的管理实践提供指导和参考，也为相关的实证研究做出一定的贡献。

2.1.1　文献回顾

1. 动态能力与环境不确定性

企业持续竞争优势的来源是战略管理一直关注的问题。Porter（2008）提出企业的竞争优势来源于企业所处的产业吸引力和企业在该产业中的相对竞争地位。一些学者侧重于研究企业的内部要素对企业绩效和竞争优势的影响，形成了资源基础理论。然而，在技术快速变革、竞争激烈的市场中，"资源基础战略"并不能足够支持企业重要的竞争优势，企业还需要及时响应市场，进行灵活的产品创新，以及对内外部能力进行协调和重新配置，因此，动态能力应运而生（Teece and Pisano，1994）。Teece 和 Pisano（1994）首先将动态能力定义为：企业整合、构建、重构内部和外部能力以应对快速变化的环境的能力，持续竞争优势是企业动态能力的一个直接结果。Eisenhardt 和 Martin（2000）则将企业的动态能力视为一种惯例、过程、模式，认为其就是企业利用资源的过程。还有 Helfat 等（2007）则强调企业是主动地、带有目的地改变、修改或重构资源。

后来，Teece（2007）明确区分和阐释了动态能力的本质和微观基础，认为企业动态能力可以分解为三种能力，即识别机会、抓住机会和整合，支持这三种能力的微观基础有独特的技能、组织结构、决策规则和规程等。企业的成功要求管理者通过构建感知机会和把握机会的组织能力，进而做出改造和重新配置机遇及竞争力量的决定，这便构成了动态能力（Augier and Teece，2009）。Barreto（2010）提出了动态能力的新定义：动态能力是指企业系统性地解决问题的潜能，由其感知机会和威胁、制定及时的并且具有市场导向的决策、改变资源基础的能力构成。近年来，一些学者通过实证研究检验了企业动态能力对企业绩效、企业财务绩效、新产品开发绩效及企业竞争优势的影响（Wu，2007，2010；Pavlou and El Sawy，2011；Protogerou et al.，2012；C. L. Wang et al.，2015）。

环境不确定性也是学者们在探讨企业与环境之间关系时一直关注的焦点，是企业中高层管理者必须面对的重要课题。Duncan（1972）认为环境不确定性是个人在组织内部进行决策时必须考虑到的社会各影响因素的综合，这些因素包括相关环境信息的缺乏、无法获取决策结果及不能预知环境对决策的影响。黄培伦等（2009）在文献研究基础上提出环境不确定性会直接影响组织的动态能力。李大元等（2009）从战略过程视角出发，通过实证研究发现环境不确定性是动态能力的驱动因素而非调节因素。尚航标和黄培伦（2010）通过案例研究发现高管的管理认知决定着企业战略行为对环境变化反应的有效性。可见企业的动态能力往往会受到内部领导和外部环境的双重影响。

2. 伦理型领导

哲学家们普遍认为领导应该具有美德和道德特质，很多关于领导力的研究者也支持这一观点，认为领导应该具有伦理特征。有学者研究指出，真正的变革型领导是伦理的，因为他们具有道德价值观和利他主义动机，其不仅作为一个道德的个体，并且还会努力为组织营造一种伦理的环境（Bass，1985；Bass and Steidlmeier，1999）。同时，魅力型领导也被划分为利己和利他两种类型，后者是讲求伦理的，使用权力服务于社会，设置与员工需求和抱负一致的愿景，依靠内部的道德制度去实现组织和社会的利益（Howell and Avolio，1992）。虽然这些研究都发现了领导讲求伦理的重要性，但并未对领导的伦理特征展开独立的分析。

Enderle（1987）最早提出伦理型领导这一概念，并将其界定为一种思维方式，旨在明确描述管理决策中的伦理问题，并对决策过程所参照的伦理原则加以规范。之后 Gini（1997）提出伦理型领导是个体领导者的品格，其领导行为中包含着伦理或道德的特征。Brown 等（2005）基于 Bandura 的社会学习理论，对伦理型领导进行了明确而系统的定义，即通过个体行为与人际互动，表明什么是符合规范的、恰当的行为，并通过双向沟通、强化和决策制定的方式，来促使下属践行这种行为。该定义得到了学者们的普遍认可。随后，学者们从不同视角提出了伦理型领导特质的关键属性，包括品格和正直、伦理意识、以社区或人为本、激励、支持和授权、管理伦理责任（Resick et al.，2006），或者公平、分权、角色澄清、道德导向和持续性关心（de Hoogh and den Hartog，2008；Kalshoven et al.，2011）。除此之外，Fehr 等（2015）以追随者为中心，从道德基础理论出发，将伦理型领导界定为声明并促进积极的道德伦理行为。

Brown 等（2005）还开发了包含 10 个题项的伦理型领导量表，并且检验了伦理型领导行为影响感知的领导效能、追随者的工作满意度和贡献，以及他们向管理人员报告问题的意愿。一些学者利用这一量表验证了伦理型领导显著影响组织公民行为、情感承诺、员工满意与员工幸福、关系冲突及组织越轨行为（Walumbwa and Schaubroeck，2009；金杨华和谢瑶瑶，2015；郑晓明和王倩倩，2016）。也有学者验证了伦理型领导显著影响员工绩效、企业社会责任及企业绩效等（Walumbwa et al.，2011；赵瑜等，2015；Wu et al.，2015；Shin et al.，2015）。可见，关于伦理型领导及其后效的研究逐渐引起了国内外学者的普遍关注，但目前国内的实证研究中大多还是采用西方的单维量表，其在中国情境下的适用性还有待深入探讨。

3. 组织健康

从 20 世纪 90 年代起，学者们逐渐关注企业组织的健康问题。Cooper 和 Cartwright（1994）提到员工健康、幸福感与良好的财务绩效共同构成组织健康。McHugh 和 Brotherton（2000）发现组织健康不仅仅包含财务绩效的成功，也包含员工的幸福以及一系列战略、结构、文化、行为的独特组合。Zwetsloot 和 Pot（2004）提出除财务绩效成功外，健康的员工及环境对组织的健康发展也是必不可少的。Shoaf 等（2004）指出组织健康应该是对个人健康和组织有效性的一种追求，是应对经济弹性的一种策略。Quick 等（2007）认为，健康的组织应同时关注不同层次的健康，包括个体、团体、组织及外部环境。我国学者杨震宁和王以华（2008）从组织免疫视角，提出组织健康是一种持续、理想的生命状态，由适度的结构均衡性、功能活跃性、社会和谐性和环境适应性四个方面构成。

此外，一些学者开发了相应的量表并展开了实证研究。Lyden 和 Klingele（2000）提出了组织健康的 11 个维度，具体包括沟通、分享和参与、忠诚、士气、组织声誉、道德规范、绩效认知、目标一致、领导、发展与资源利用；还从组织不健康的表现方面提出了一些衡量标准，如缺勤率高、交际障碍、高层管理者独裁、组织承诺缺乏、员工彼此之间缺乏信任等。基于仿生论视角，已有学者从外在表征和内在机制两个角度分析组织健康，前者是可直接观察和测量的结果指标，有员工健康、企业绩效和社会效益三个层面，后者则是组织健康的实现过程及其运行方式，有环境适应性、自我调节性、学习创新性、持续成长性、社会和谐性五个方面（王兴琼，2009，2012）。邢雷等（2012）借鉴我国香港学者陈丽云个体身心灵理论的研究成果，形成了关于健康型组织"身心灵"的结构模型构思，提出组织健康由组织绩效、员工健康、社会责任、员工关怀、环境适应、内部协调六个方面组成。Meng 等（2014）在综合组织健康研究的基础上，提出组织健康的五个维度，包含合理的系统和透明的规则、组织的凝聚力、远大的抱负、组织关怀及社会声誉。

综上可见，关于领导与组织健康的关系已经引起了学者们的关注，健康的领导是组织的核心，是个人健康和组织健康的起点，他们应该是正直、有勇气的，会对员工的健康情况、缺勤现象以及组织的活力、绩效和灵活性产生很大的影响（Quick et al., 2007）。已有的相关研究发现，在学校组织中，变革型领导和交易型领导分别对组织健康产生积极和消极影响（Korkmaz, 2007）；高层领导的授权行为相比于基层领导对组织健康具有更积极的作用，并且基层领导行为在高层领导行为对组织健康的影响中起调节作用（邢雷等，2012）。麦肯锡长期以来的研究表明，良好的领导力对组织健康至关重要，是创造企业价值的重要推动力（Feser et al., 2014）。有研究还发现了其他因素（如客户反馈、员工工作期望）对组织健康的影响（Meng et al., 2014；Kipfelsberger et al., 2016）。本节重点研究案例企业中的伦理型领导与组织健康的内涵及作用机制，是在以上相关研究的基础上进行的拓展，为未来的实证分析奠定了一定的研究基础。

2.1.2　研究方法与设计

1. 研究方法

本节采用探索性单案例研究方法，借鉴新加坡学者潘善琳总结出的 SPS 案例研究方法论，使用 NVivo 质性分析软件对案例企业的资料进行文本分析和三阶段编码，在此基础上构建概念模型和关系模型。

2. 研究对象

本节选取王石及万科企业股份有限公司（简称万科）为研究对象，主要基于三个方面的考虑。

（1）王石表现出来的一系列行为非常符合伦理型领导的特征表象。王石曾经是中国地产一流品牌的董事会主席，是房地产界的领军人物之一，他用 30 多年的时间创造了一系列奇迹。多年来王石始终规范自身的行为，有自己的一套人生标准，为下属及员工树立了榜样。例如，在 2001 年的"武汉垃圾场事件"中，不惜一切代价为客户负责到底；在 2008 年的汶川地震"捐款门"事件后及时公开道歉，并召开股东大会，高票通过捐赠一亿元的捐款预案等。

（2）万科成立于 1984 年，1988 年进入房地产行业，经过 30 余年的发展，已成为国内领先的房地产公司。公司始终把股东、顾客和员工等多方利益放在第一位，并主动承担社会责任，所呈现的状态符合组织健康的基本特征。例如，万科年报显示，2016 年实现销售金额 3 647.7 亿元，同比增长 39.5%，在全国商品房市场的占有率进一步上升至 3.1%，销售回款居行业首位；净负债率保持行业低位，持有现金充裕；入选《财富》"世界 500 强"；2017 年 1 月，深圳市地铁集团有限公司成为万科的重要股东，为双方共同探索"轨道 + 物业"模式奠定了良好的基础。在业绩增长的同时，万科积极回报社会，关注利益相关方的发展，致力于让更多人分享到经营成果。2016 年，万科从教育、产业、就业等多个维度参与精准扶贫，在张家口市张北县捐建 12 个 300 千瓦光伏扶贫电站；在贵州、江西、河北等地与职业院校启动 6 个校企合作项目。

（3）万科采取的是"职业经理人"制度，在国内较早推行股权激励，并于 2014 年开始推行事业合伙人制度。2016 年面对"股权事件"的冲击，万科事业合伙人机制发挥了关键作用，合伙人基于对本集团文化价值观的执着信念，以身作则，坚守本职工作，维护公司正常的经营秩序，控制了人员大量流失的风险。王石作为万科的董事会主席，一直以来都在严格按照西方现代化公司的管理制度在治理公司，并在公司内部形成了一股开放、公正、严明之风。对万科这一独特现象的研究符合案例抽样的原则，关于该企业的典型案例研究对其他企业的管理实践具有一定的借鉴意义。

3. 资料收集

受 2016 年"股权事件"的影响，万科的董事会主席王石和总裁郁亮 2016 年间不接受任何的外界采访，因此本节的资料收集主要是在多方收集企业和领导人的公开资料（截至 2017 年 3 月）基础上进行的。通过对个人传记、演讲、访谈、公司网站、期刊文章、他人评论等多方面资料进行充分挖掘，并对数据不断地进行比较和分析，直到收集的数据不再能够产生新的信息，达到理论饱和，才最终停止收集资料，基本实现了三角数据的验证。同时结合对万科员工的访谈，对数据进行了佐证与核实，确保了资料的可信度和内部效度。另外，由于万科是我国改革开放之后发展起来的大企业之一，其领导方式与组织管理在国内具有一定的典型性和代表性，因此具有较好的外部效度。

所收集的数据内容主要包含五个方面。

（1）王石的两部传记，即《道路与梦想：我与万科 1983—1999》《大道当然：我与万科2000—2013》。这两部传记将近62万字，讲述了王石的心路历程，是个人传记与企业成长的融合。

（2）个人演讲及访谈视频，包括北大演讲（2008 年）、浙大演讲（2007 年）、《这次调整不同以往》、《杨澜采访录：我在哈佛这一年》（2012 年）、《开讲啦：坚持与放下》（2012 年）、《中欧商学院演讲：底线与荣誉》（2014 年）、《亚布力演讲》（2014 年）等。

（3）公司网站、王石微博和博客等资料的整理，共获得 66 处与研究主题相关的资料。

（4）期刊文章，通过CNKI上的文章检索，发现王石在学术期刊上共发表52篇文章，通过整理最终挑选出 31 篇与研究主题相关的文献。

（5）客观资料，收集他人对王石、万科的客观评价资料来进行补充。相关书籍有《行者王石》、《王石这个人》、《万科真相：中国第一地产背后的秘密》、《王石管理日志》、《王石财富密码：全面揭开万科地产成长之谜》和《王石谈经营》等。另外，通过网站资料收集到公司高层及员工对王石评论的相关资料共 6 处。

4. 数据分析

本节通过开放式编码、主轴式编码和选择式编码三个步骤对全部数据进行处理，分别得出了初始概念、理论范畴及核心范畴三方面的内容。本节的数据编码过程如图 2.1 所示。

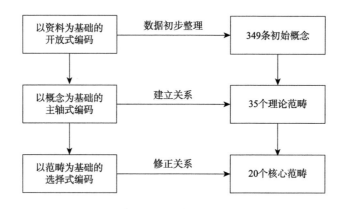

图 2.1　数据编码过程

（1）开放式编码：本着开放式编码的基本原则，两名编码人员对全部资料分别进行编码，保持编码的独立性，相互之间不受影响。通过此阶段编码，两名编码人员分别得到 350 条及 364 条编码条目。通过多次讨论分析，最终确定了 349 条初始概念。

（2）主轴式编码：通过逐一分析开放式编码中各范畴之间的关系，将开放式编码整合为包含关联内容的主轴式编码。在此阶段，若两个编码人员均认为某编码单元含义不清，难以归入确切类别，则予以删除。经过反复探讨，最终得到 35 个理论范畴。

（3）选择式编码：在这一阶段，经过分析，提炼出 20 个核心范畴，核心范畴必须在资料中频繁出现，与其他范畴更紧密，且更容易形成一个围绕核心范畴、能够合理解释现象的理论体系。

2.1.3　相关概念内涵的剖析

1. 伦理型领导的结构及内涵

通过对文本数据的三阶段编码分析，得到伦理型领导行为的 10 个理论范畴，被归纳为关爱员工、平衡关系、德行示范和持续学习 4 个维度，伦理型领导行为的编码结果如表 2.1 所示。

表 2.1　伦理型领导行为的编码结果

维度	范畴	开放式编码
关爱员工	尊重员工权利	尊重员工；支持员工家庭生活选择；尊重员工个人的职位选择
	关心员工身体和心理状况	重视员工的心理状况；关心员工的身体健康情况
	关心员工个人发展	组织员工学习文化课；要求员工学习，促进其个人成长；为人才发展创造条件
	运用奖惩机制引导员工	评选"八杰"激励员工，发扬公司精神
	主动听取员工意见	按员工建议为公司更名；与下属商定股改宣传策略
	关心昔日同事	关心旧部属；探望老部下
平衡关系	重视客户	直面客户问题；重视客户满意度
	关心股东	维护小股东利益；对股东负责
德行示范	道德导向	为员工树立脚踏实地的榜样；传播感人的故事；绝不行贿
持续学习	持续学习	学习索尼促使其优秀物业管理的诞生；与富兰克林公司合作，学习其工作方法

通过与已有研究的对比分析发现："关爱员工"和"德行示范"这两个维度与已有的西方研究结果一致，但"平衡关系"和"持续学习"这两个维度及内涵与已有研究有所不同，这可能与中国情境的特殊性有关，这方面还需要更多的案例与实证研究来证明。

1）关爱员工

西方学者大都认为伦理型领导应该真正地关心、尊重、支持员工，关心他们的共同利益，保证他们的需要得到满足，并且伦理型领导能提供给员工建言的机会，允许员工参与决策制定（Resick et al.，2006；de Hoogh and den Hartog，2008；Kalshoven et al.，2011）。同时，伦理型领导还应该具有提升员工精神上幸福感的能力，对员工个人问题给予关心，帮助员工发展他们的技能，奖励表现好的员工（Fehr et al.，2015）。除此之外，在本节中还发现，案例企业中的伦理型领导对公司曾经做过贡献的老部下同样给予关心与慰问，可见王石和下属之间不只是工作中的同事，更是生活上的朋友。

2）平衡关系

"平衡关系"这一新维度的出现与中国的"关系"文化背景有很大关系。"关系"是指在东亚地区，一种非正式的人际关系网络以及支持开展商业活动建立的交换网络（Lovett et al.，1999）。"关系"作为一种文化导向，来源于儒家思想，反映了一系列文化伦理，由共同的责任、信任、协议组成（Hwang，1987）。它虽然复杂却普遍存在，在中国社会一直发挥着重要的作用（Millington et al.，2005）。虽然关系网络在西方国家也很重要，但西方的关系主要是通过一系列的契约表现出来的，常常被一些正式的法律制度所掩盖。然而，中国关系比西方所说的关系更加复杂，里面隐含着义务、信誉、理解，也包括一种意图导向，即关系是一种有意识的关系，这种关系不能被已经建立的法律制度所取代（Vanhonacker，2004）。而且，个人关系作为一种微观的组织关系网络的基础、一种对正式的制度框架的补充、一种战略实现的方式、一种获取关键资源的途径，通过调整和体现交易成本，最终有益于宏观的组织关系网络的实现，对组织绩效存在直接的影响（Y. Zhang and Z. Zhang，2006）。王石在有可能面临经济利益损失的情况下，仍然重视客户和关心股东的行为凸显了其善于平衡关系的领导特征。

3）德行示范

西方学者指出伦理型领导应该具有伦理意识，能够清晰地传达与伦理行为有关的标准，通过在员工当中传递伦理信息、设置伦理准则、奖励伦理行为的方式来促进道德行为（Gini，1997；Resick et al.，2006；Kalshoven et al.，2011）。除此之外，本节还发现"绝不行贿"是伦理型领导的一个突出的德行示范行为。王石在万科不仅通过自己不行贿的行为表现为员工树立榜样，并且通过建立"阳光申报"等相关的规章制度，规范员工的不行贿行为。

4）持续学习

"持续学习"这一新维度的出现与我国改革开放之后不确定的经济发展环境有关。万科成立于1984年，当时中国正处于改革开放初期，企业面对复杂、不确定的市场环境，科学技术进步和经济体制改革的同步进行，使得企业管理的对象从简单变得复杂，这就需要企业的领导者不断学习新思想、新知识和新方法，才能探索出适合本企业发展的道路。同时，Schoemaker 等（2013）指出战略型领导者应该具备学习的技能，用一种开放式和结构化的方式发现他们自己和团队中的不足，在成功和失败中学习经验，吸取教训，并且通过采取一系列具体的措施来改善自身的学习能力。可见，伦理型领导行为与战略型领导行为有交叉之处，这与我国自古以来注重谋略有很大的关系。领导运用战略型思维使组织保持正确的发展方向，在领导的影响过程中，其伦理的特质及行为发挥了重要作用，使得组织能够不断调整其动态能力以适应外部不断变化的环境。这一领导可以称为"战略导向的伦理型领导"，即运用战略型思维为组织创造愿景、保持灵活性，使组织保持正确的发展方向，并通过个体行为与人际互动，表明什么是符合规范的、恰当的行为，再通过双向沟通、强化和决策制定的方式，来促使下属践行这种行为。

2. 企业动态能力的内涵

动态能力是企业整合构建以及重新配置内外资源并以此应对外部环境快速变化的能力（Teece and Pisano，1994）。通过对文本数据的三阶段编码分析，发现组织的动态能力包含三个维度，即组织意会能力、柔性决策能力、动态执行能力，这一结果与 Teece（2007）和李大元等（2009）研究中的提法一致，只是个别维度的内涵略有不同，企业动态能力的编码结果如表 2.2 所示。

表 2.2　企业动态能力的编码结果

维度	范畴	开放式编码
组织意会能力	感知机会	敏锐洞察深圳房地产市场动向使得万科城市花园大卖；理性投资使得公司集中精力开发国内市场，形成规模开发的优势
	感知威胁	坚持不行贿使得万科规避法律风险，促进其长远发展
柔性决策能力	明确业务重点	以专业化为本的投资策略
	精简管理架构	精简非核心业务；转让子公司，精简管理架构；全面的项目评估标准避免了公司的过度扩张
	不断更新组织制度	人力资源部门参与项目决策，并具有一票否决权；建立以客户满意为中心的文化和制度；监管高管的公开言论；确定较高的房屋质量验收标准
	加强对会议的管理	加强业务会和培训会；解除务虚会
	开发职业经理人	明确职业经理人的责任与权力；加强职业经理人培训；给职业经理人充分合理的授权
动态执行能力	调配资源	合理调动内部各种资源；充分利用外部各方资源
	学习反思	学习国有大中企业的管理经验；组织学习世界先进企业的管理方法；学习我国香港企业的专业化管理；学习日本企业的产业化经营；通过对客户投诉的分析，反思自身不足，改进质量和服务体系

在三个维度中，组织意会能力的内涵与以往研究一致，指的是感知机会和感知威胁的能力，是企业对内外环境和市场进行不断扫描、搜寻和探索的过程（Teece，2007；Barreto，2010；Pavlou and El Sawy，2011）。柔性决策能力在以往研究中的内涵是企业迅速、准确地把握机会的能力，其中涵盖战略方面的决策问题，也有运营方面具体问题的处理和解决（Teece，2007；Barreto，2010）。柔性决策能力表现为明确业务重点、精简管理架构、不断更新组织制度、加强对会议的管理和开发职业经理人五个部分，这与改革开放之后我国企业的复杂成长环

境有关。动态执行能力与 Teece（2007）提出的强化、整合、保护和重新配置资源相似，并且这个维度也得到了其他学者的认可（Eisenhardt and Martin，2000；Helfat et al.，2007），不同的是本节发现学习反思能力也是动态执行能力的一个基础。

3. 组织健康的结构及内涵

组织健康是一个组织能够正常有效开展经营管理，并具有持续成长和发展能力的状态。通过对文本数据的三阶段编码分析，得到组织健康的 8 个理论范畴，被归纳为高组织绩效、专业人才配备、员工忠诚、奉公守法、客户满意、股东追随、信息透明及高社会责任感 8 个维度，组织健康的编码结果如表 2.3 所示。

表 2.3　组织健康的编码结果

维度	范畴	开放式编码
高组织绩效	组织绩效	楼盘销售火爆；万科城市花园推向市场，反应异常火爆；成为沪深房地产领先企业
专业人才配备	人才配备	专业人才促进公司发展；招聘地产人才促进地产业务开展；创业初期招聘名校毕业生；重视人才；储备人才
员工忠诚	员工工作投入	员工工作投入高；周刊编辑部员工不辞辛苦地工作；全体员工集中精力工作；员工认真的工作态度及责任感促进物业水平提高；员工忠诚，选择与公司同甘共苦；员工促进组织发展
奉公守法	遵纪守法	规范化促进公司有序发展；不偷税漏税；奉公守法
客户满意	客户评价	客户忠诚万科；客户推销促进公司销量；客户信任
股东追随	股东支持	股东信任万科；股东追随万科；公司陷入困境时，股东完全配合公司的决策
信息透明	信息公开透明	公司信息透明；定期发布公司公告；公司财务透明；设置"投诉万科"论坛，使公司透明、快捷地处理客户投诉
高社会责任感	社会责任	对社会负责；城市文化责任感；万汇楼公益项目；提倡公益；开发项目时，主动承担延续地块记忆（包括自然环境和人文环境的记忆）的责任

通过与已有研究的对比分析发现：高组织绩效、专业人才配备、员工忠诚、客户满意、股东追随、信息透明及高社会责任感这 7 个维度与已有的研究结果一致。但奉公守法这一新维度的出现应该与我国房地产行业的特殊性及政策、制度环境有关。改革开放初期，中国各项法律法规不健全，后来法律制度逐渐完善，政府又出台了一系列法规和政策来调控房地产业的发展，如发生在 1993 年、1998年、2003 年、2005 年、2008 年、2010 年的宏观经济调控。在这样的政策和制度环境下，机遇与挑战并存，只有顺应政策，做到奉公守法，才能使企业获得持续长久的发展。除此之外，中国的儒家文化强调社会个体的德行修养，强调自我约束和自我控制。因此，奉公守法在我国是企业自律与美德的体现，是企业健

康的核心要素，这一点还有待于在未来对其他企业进行案例与实证研究时进行深入探讨。

2.1.4　伦理型领导与组织健康的关系模型

在关系模型构建中，本节主要选取了万科企业发生的 5 个真实案例事件，包括"超过 25%的利润不做"、"中南巴士风波"、"捐款门"、"武汉垃圾场事件"及"从海神广场到万科俊园事件"。选择这 5 个案例的主要原因：一是这些案例都是万科发展进程中的重大事件，具有很强的代表性；二是这些事情的发生及处理过程，都展现了领导人王石本人的一些个人特质、行为及其对公司的影响；三是这些事件的处理都详细地体现了万科在事件发生时的反应、具体处理过程以及解决后对万科的影响；四是这些案例都是根据真实事件进行整理、加工的，资料来源不仅包括王石的两部自传，还包括官方网站的相关资料，这样不仅能够保证案例资料的真实性，而且有利于对案例的深入分析和判断，推动理论框架的形成。篇幅所限，本节仅列举其中的 3 个典型事件来辅助分析。

1. 伦理型领导行为对组织健康的影响

主要通过典型案例事件之一——"超过 25%的利润不做"来说明。

在 1992 年的一次房地产沙龙中，王石作为万科代表，明确告诉与会者"万科超过 25%的利润不做"。会场哗然，王石当场解释说："万科曾经做贸易出身，20 世纪 80 年代曾做过利润 200%~300%的录音机生意。因为是超额利润，许多公司都进口录音机，供过于求，录音机降价，销售的边际利润就开始下降，甚至利润变成负数。这说明市场很公平，先前你怎么暴利赚的钱，之后都得吐出来，而且还要多吐。"虽然很多人并不认可王石的做法，但"超过 25%的利润不做"的理性思维逐渐获得了市场的认可。王石本着对公司负责的态度在异议中坚持这一思想，使得万科在众多房地产公司艰难度日的宏观调控期间，以地产规模平均 70%的年均速度递增，到 1998 年万科跃居沪深两市上市房地产企业的第一名。

结合对多个典型案例事件的分析，本节对案例企业的数据进行了编码，得到了伦理型领导行为对组织健康的影响关系，具体如表 2.4 所示。

表 2.4　伦理型领导行为对组织健康影响的编码

核心关系	编码
关爱员工 ↓ 专业人才配备、员工忠诚	领导尊重员工的自主选择，使人才自由流动，实现了职业经理人的市场化 领导以员工发展为核心的企业理念，增强了员工忠诚度和凝聚力 领导关心员工学习与成长，增强了员工的自尊感和对组织的自豪感

核心关系	编码
平衡关系 ↓ 高组织绩效、客户满意、 股东追随、信息透明	领导推行以质量为中心的客户关系，促进了企业长期稳定的发展 领导视客户为合作伙伴，改进产品和服务，促进公司绩效提升 领导对楼房产品质量的严格要求，降低了企业的维护成本，树立了良好的品牌形象 当公司陷入困境时，股东因为领导的信任，支持公司的最终决策 设置"投诉论坛"，促使公司透明、快捷地处理客户投诉
德行示范 ↓ 奉公守法、高社会责任感	领导坚决不行贿的做事原则，促进了万科的奉公守法 明确各项规章制度，使公司规范、有序地发展 领导人热衷公益慈善项目，并鼓励员工参与，共同回馈社会
持续学习 ↓ 客户满意、高组织绩效	学习索尼以客户为中心，使得万科以优秀物业管理而著称，提高了品牌知名度 与富兰克林公司合作，学习其严谨的思维方式和规范化的工作方法，使万科赢得了更多的合作伙伴

2. 伦理型领导行为通过企业动态能力对组织健康的影响

主要通过典型案例事件之二——"武汉垃圾场事件"来说明。

2001 年万科从政府买下武汉市的四季花城地块，地块附近有一个垃圾场，购地协议中规定垃圾场会在买下后的 2~3 年内关闭，随后进行覆盖、绿化。然而 3 年后，政府并未关闭垃圾场。并且在 2004 年，人们听说政府想利用这块地建立一个垃圾中转站，使用寿命为 30 年，由此大规模的群众诉讼事件爆发。在事件爆发后，王石积极主动约见投诉业主，了解情况后，当即表态：此次事件万科有责任，会与业主共同面对，必要时给予补偿，一个月后会给业主一个满意的答案。之后，在与管理层讨论解决方案时，王石提出了一个极端方案：实在不行，允许业主退房。管理层这才意识到董事长不惜一切代价解决此事件的底线，于是多方寻找解决方案。最终，万科的可行方案为：接管垃圾场，负责买泥土，负责现场覆盖。一个月后，王石按约定接见了业主，业主们得到了满意的回复，至此投诉结束。王石认为衡量成功与否的最重要的标准就是客户满意度，公司 1%的失误，对于客户而言就是 100%的损失。领导者在事件中表现出的对组织及客户负责的行为，使得万科赢得了客户的信任，并建立了新的文化制度，进一步促进了万科的健康发展。

结合对多个典型案例事件的分析，本节通过对案例企业的数据进行编码，认为伦理型领导行为通过企业动态能力而对组织健康产生影响，具体如表 2.5 所示。

表 2.5　伦理型领导行为通过企业动态能力对组织健康影响的编码

核心关系	编码
伦理型领导 ↓ 组织意会能力 ↓ 组织健康	领导坚持不行贿使万科规避法律风险，促进其长远发展 领导以客户为中心的管理理念，使得万科抓住了更多的市场机会，提升了企业绩效 领导提出"高于 25%的利润不做"的原则，使万科规避了高风险，增强了公司对经济周期波动的适应能力

续表

核心关系	编码
伦理型领导 ↓ 柔性决策能力 ↓ 组织健康	领导重视员工的职业发展和职业经理人的培养，有利于企业适应复杂的竞争环境，实现持续增长 领导根据员工的反映和意见，强化了业务会和培训会，增强了员工的满意度和忠诚度 领导坚持绝不行贿的原则，使得万科实行全面的项目评估标准，避免了公司的过度扩张 考虑到项目决策的伦理性，领导提出人力资源部对项目有一票否决权，规范了项目的决策程序，促进了公司的健康发展 领导对客户关系的重视，使公司构建了以客户满意为中心的制度，提高了公司的口碑和效益 领导以客户需求为中心，确定了较高的房屋质量验收标准，赢得了市场的好评 股东信任领导的专业判断，使其能够迅速做出决策，促进公司更好地抓住市场机会获得发展
伦理型领导 ↓ 动态执行能力 ↓ 组织健康	领导重视各方关系的维护，使公司可以调动各种资源解决棘手事件，赢得了客户的信赖 领导带领万科学习日本企业的产业化经营，并形成自己的管理风格 领导带领万科不断学习世界先进企业的管理方法，提升组织绩效 在危机事件中，领导直接面对客户，听取意见，增加了企业信息的透明度和客户满意度 领导不断学习先进企业的管理经验，实现了公司的专业化管理 领导重视客户反映，从客户的投诉意见中，反思自身不足，不断改善质量和服务体系 当企业遭遇危机时，领导充分调动资源，实施补救活动，修复了企业形象，并赢得了社会的赞许

3. 环境不确定性在伦理型领导与企业动态能力之间的作用

主要通过典型案例事件之三——"从海神广场到万科俊园事件"来说明。

1998 年，万科的超高层住宅万科俊园推出预售，市场反应热烈，在万科俊园交付时，已经实现 80% 的销售业绩，然而万科俊园的建设过程却是几番起落。1995 年，万众瞩目的特区第二高大厦海神广场破土动工，并预计 1997 年竣工。然而好景不长，在宏观调控的大背景下，特区写字楼市场迅速萎缩，是不顾市场风险继续兴建还是承认决策失误停工调整？万科面临着痛苦的决策。王石提议停工，调整原综合写字楼方案为综合高级公寓，并承担由此造成经营损失的决策责任。然而海神项目是个合资公司，万科仅占 30% 的股份。方案更改面对的最大问题是如何向原土地方（西部公司）解释。原土地方表示理解公司的难处，但任何修改方案都要以不减少其在合同中应获得的产权面积为前提。但海神公司无法单方承担缩水面积的损失，由此一场漫长的马拉松式谈判拉开了序幕，其间经过无数次的沟通，万科收购了三大股东 60% 的股份，最终问题得到解决，将高档写字楼改成住宅。海神广场也更名为万科俊园，这时已经是 1997 年 5 月。宏观调控期间的房地产形势并不乐观，尤其是高档住宅市场。在深圳一家大型房地产企业的业务会上，人们几乎一致判断，万科俊园将是万科地产走下坡路的标志建筑。然而在发售之时，俊园的顶层四套复式结构，虽然价格达到每套 800 万元，但是最抢手。

在这次事件中，国家调整宏观政策，银行收缩银根，使得万科合资的海神项目遭遇资金困难。在这种情况下王石果断决策终止项目,修改计划以适应国家政策,然而项目的修改却是历经艰难,不断与利益各方协调沟通,经过漫漫长路最终顺利解决此困难,成为万科历史上的辉煌一笔。对于外部突变的政策环境,领导临危不乱、积极应对,全面体现了战略导向的伦理型领导行为特征,并使得组织积极调动资源应对。在事件的处理过程中组织的动态能力也得到提升。

通过对多个案例事件资料的编码分析,发现环境不确定性在领导与组织动态能力之间发挥调节作用,即在市场动荡、技术不断变革、竞争激烈、制度环境变化的情况下,战略导向的伦理型领导使得组织不断调整其动态能力,从而适应外部不断变化的环境。

2.2　伦理型领导对组织健康要素的影响:动态能力视角下的实证研究

随着经济全球化的不断深入发展,企业之间的竞争日益激烈,如何在动荡环境中生存、发展并保持持续的竞争优势,成了企业战略管理领域日益重要的研究课题。Porter(1985)最早提出企业的竞争优势来源于企业所处产业的吸引力和企业在该产业中的相对竞争地位。后来 Teece(2007)提出在复杂的生存环境下,增强自身的动态能力,才是企业获取和保持竞争优势的关键。如果没有动态能力,企业的优势和组织的生存被证明是很短暂的、不健康的(Zollo and Winter,2002)。Lencioni(2012)认为企业只追求战略、技术、财务、市场等竞争优势的时代已经成为过去,组织健康将成为一种开放、有效的竞争优势。但在实践中,一些企业领导人面对巨大的利益诱惑,逐渐丧失原则,失德现象时有发生。从毒奶粉到地沟油事件,从员工跳楼到过劳死事件,从商业贿赂到偷税漏税和行贿事件,都严重侵犯了消费者、员工和社会的利益,制约了组织的健康发展。还有一系列的排废、排污事件,甚至影响到了人类与环境的可持续发展。

Bass(1985)认为组织健康与否有 45%~65%的因素是由领导的行为所决定的。领导在经营决策中的伦理行为是影响组织健康发展的重要内部因素(Brown et al.,2005;de Hoogh and den Hartog,2008;Kalshoven et al.,2011)。近几年,关于伦理型领导对企业绩效和社会责任等组织健康要素的影响已经引起了学者们的关注,如 Shin 等(2015)和 Wu 等(2015)通过实证分别研究了中国企业首席执行官(chief executive officer,CEO)和韩国企业高层管理者的伦理型领导行为对公司绩效和企业社会责任的影响,并引入了伦理氛围、程序公正氛围和伦理文化等中介变量。这些大多是从 Bandura 和 Walters(1977)的社会学习理论或

Blau（1964）的社会交换理论视角分析，还未涉及战略管理相关的理论视角研究。因此，本节在战略管理思想指导下，从动态能力理论视角出发，检验伦理型领导行为对企业社会责任与组织绩效等组织健康要素的作用机制，旨在弥补已有研究的不足，为企业在动态环境下的战略实现与健康管理提供新的思路，也为推动企业的健康与可持续发展提出对策建议。

2.2.1　理论基础与研究假设

1. 动态能力理论

在企业战略与竞争优势的研究中，很多学者都关注企业内部要素对企业绩效和竞争优势的影响，如 Wernerfelt（1984）首次提出了资源基础论的研究视角；后来，Barney（1991）指出资源的价值性、稀缺性、模仿性与不可替代性等特征决定了其能否成为企业的竞争优势来源。然而，在技术快速变革、竞争激烈的市场中，积累宝贵的技术资产的"资源基础战略"在支持企业重要的竞争优势时，还需要及时响应市场、灵活的产品创新，以及对内外部能力进行协调和重新配置。基于此，Teece 和 Pisano（1994）提出了动态能力理论，认为动态能力是企业整合、构建、重构内部和外部能力以应对快速变化的环境的能力，而持续竞争优势是动态能力的一个直接结果。随后，Eisenhardt 和 Martine（2000）将动态能力视为一种惯例、过程和模式，认为其就是企业利用资源的过程，通过整合、重构、获取和释放资源的过程来匹配甚至创造市场变化，是企业随着市场诞生、碰撞、分裂、进化和消亡获取新的资源配置的组织或战略惯例过程。Winter（2003）则认为动态能力是用来拓展、修改并创造常规能力（低阶能力）的高阶能力，其决定着常规能力改变的速度，可以帮助企业的常规能力更好地进化。随着研究的不断深入，Teece（2007）对动态能力有了更为系统而深刻的认识，认为动态能力本质上可以分解为识别机会、抓住机会和重新整合三种能力，同时独特的技能、组织结构、决策规则和规程等是支持这三种能力的微观基础。目前，Teece（2007）关于企业动态能力的这种三维度划分得到了学者们的普遍认可和应用。

2. 伦理型领导与组织健康要素的关系

伦理型领导指的是领导通过个体行为与人际互动，表明什么是符合规范的、恰当的行为，并通过双向沟通、强化和决策制定的方式，来促使下属践行这种行为（Brown et al.，2005）。麦肯锡长期以来的研究表明，良好的领导力对组织健康至关重要，是创造企业价值的重要推动力（Feser et al.，2014）。伦理型领导在预测产出方面具有超出其他领导维度的独特能力，这些产出包括感知的领导效能、追随者的工作满意度和贡献，以及他们向管理人员报告问题的意愿（Brown et al.，2005）。组织健康是一个组织能正常有效地开展经营管理并具有持续成长和发展能力的状态，在中国经济文化背景下组织健康的衡量标准包括三个维度：员工健康、组织绩效和社会效益（即企业社会责任）（王兴琼和陈维政，2008）。有关伦理型领导对组织健康要素影响的实证研究中，一些学者验证了伦理型领导会对个体层面的员工满意、幸福感、工作绩效、建言行为和创新行为等产生显著的正向影响（赵瑜等，2015；郑晓明和王倩倩，2016；Piccolo et al.，2010；焦凌佳等，2012；王忠诚和王耀德，2016；王端旭和赵君，2013），并有助于减少非伦理行为及反生产行为（王端旭和赵君，2013；张永军，2015）。在组织层面上，CEO 或高层管理者的伦理型领导行为还会对企业绩效和社会责任产生正向影响（Shin et al.，2015）。由于本节主要针对组织层面的问题展开，故选择企业绩效和社会责任两个组织健康要素展开研究。基于此，提出如下假设。

$H_{2.1}$：伦理型领导行为会对企业组织绩效产生显著的正向影响。

$H_{2.2}$：伦理型领导行为会对企业社会责任产生显著的正向影响。

3. 伦理型领导与企业动态能力的关系

高层管理者在企业动态能力发展中扮演着至关重要的角色（Adner and Helfat，2003；Zahra et al.，2006），实证研究结果显示：管理者的支持和信任等伦理性的组织情境因素会对企业动态能力产生影响（Prieto and Easterby-Smith，2006）。具体来看，伦理型的领导行为对企业的组织意会、柔性决策和动态执行三个维度的能力都会产生影响。首先，管理者如何解读环境中的变化因素、感知机会和威胁，将会影响他们的决策行为，进而影响企业的动态能力（Teece，2012；Aragón Correa and Sharma，2003）。其次，领导通过收集、分析、整合并利用感知到的信息与员工沟通企业的目标，传达企业的价值观、组织期望并激励员工，有利于更好地把握组织机会（Teece，2007）。最后，在对资产进行选择整合的过程中，管理者需要对合作伙伴的资源进行整合利用，而领导的协调合作行为有助于更好地执行企业各个方面的决策（Augier and Teece，2009）。基于此，提出如下假设。

$H_{2.3}$：伦理型领导会对企业动态能力产生显著的正向影响。

$H_{2.3a}$：伦理型领导对企业组织意会能力有显著的正向影响。

$H_{2.3b}$：伦理型领导对企业柔性决策能力有显著的正向影响。

$H_{2.3c}$：伦理型领导对企业动态执行能力有显著的正向影响。

4. 企业动态能力与组织健康要素的关系

企业动态能力和企业绩效有直接的关系，企业动态能力的框架能够解释公司层面的成功或者失败、竞争优势以及个人财富的创造（Teece and Pisano，1994）。在实证研究中，学者们验证了企业动态能力对新创企业绩效、企业财务绩效、新产品开发绩效及企业绩效（吴航，2016）都具有显著的正向影响，而且发现动态能力的不同维度对组织绩效的贡献度存在差异（石春生等，2011）。从企业动态能力的三个维度来看，一方面，较强的感知和识别机会的能力能够使得企业通过各种渠道搜集和获取外部市场信息，从而快速在关键投资问题上做出战略决策（Teece，2007）；另一方面，企业内部的资源整合与重构有利于增强企业的资源柔性和协调柔性（Zhou and Wu，2010），从而加速企业创新行动（吴航，2016），这些都有利于企业绩效的提升。因此提出如下假设。

$H_{2.4}$：企业动态能力会对组织绩效产生显著的正向影响。

$H_{2.4a}$：企业组织意会能力对组织绩效有显著的正向影响。

$H_{2.4b}$：企业柔性决策能力对组织绩效有显著的正向影响。

$H_{2.4c}$：企业动态执行能力对组织绩效有显著的正向影响。

在开放性经济环境中，动态能力框架把股东、管理者、员工、客户、供应商、债权人等社会主体的多方需求作为企业经营目标的组成部分（Teece，2007），而这些主体都是企业社会责任的利益攸关方。冯臻等（2009）提出企业动态能力在推动具体的企业社会责任行动方面能够起到积极的作用，其中：环境洞察能力可以帮助企业更好地识别和理解社会规范，并对这些规范形成较高的社会认知性；变革更新能力有利于企业形成符合现有社会规范，并兼顾所有界定清晰的利益相关者要求的组织价值观，从而影响企业整体社会责任行动的水平。他们提出的环境洞察和变革更新两维度与本节的企业动态能力三维度内涵基本一致，因此提出如下假设。

$H_{2.5}$：企业动态能力会对企业社会责任产生显著的正向影响。

$H_{2.5a}$：企业组织意会能力对企业社会责任有显著的正向影响。

$H_{2.5b}$：企业柔性决策能力对企业社会责任有显著的正向影响。

$H_{2.5c}$：企业动态执行能力对企业社会责任有显著的正向影响。

5. 企业动态能力的中介作用

已有研究发现：动态能力对企业的生存、竞争优势的获得及企业绩效的实现都具有重要的影响（Zollo and Winter，2002）。并且，动态能力源于高层管理者塑造能力的构想，然后高层管理者将这种构想传达给中层管理者，最终通过资源的再分配实现企业动态能力的构建（许晖等，2013）。同时，管理者对企业愿景的分享能够激发员工的使命感，使员工主动探索新技术和新产品市场、开发已有技术和产品市场、快速解决问题、获得大量有用的组织知识，最终激发企业动态能力，提高公司的业绩水平（苏敬勤和张琳琳，2016）。伦理型领导具有诚信、利他主义的特质及正直（言行一致、信守承诺）的品质（Resick et al., 2006），这些品质有利于赢得利益相关者与合作伙伴的信任，从而使企业获得更好的发展。然而，在没有动态能力的情况下，管理者对利益相关者压力的敏感度就会下降，无法对其进行归因判断，因此难以采取有效的解决方案来应对这种压力（卫武等，2013）。基于此，提出如下假设。

$H_{2.6}$：企业动态能力在伦理型领导与组织绩效的作用关系中具有中介效应。

$H_{2.7}$：企业动态能力在伦理型领导与企业社会责任的作用关系中具有中介效应。

2.2.2　研究方法

1. 变量的测量

本节对研究变量的测量主要参考了被实证检验过的成熟量表。伦理型领导的测量参考了 Brown 等（2005）开发的行为量表，考虑到中国情境下的文化特殊性，本节在预试中增加了一个开放性问题，即"除以上条目外，您认为伦理型领导还应当有哪些行为表现？请列举 1~3 条"。通过分析发现在中国情境下领导者的道德修养和品质更受重视，但从行为层面看，这些特征与 Brown 等（2005）的量表内容是非常一致的。企业动态能力的测量参考了李大元等（2009）在中国情境下提出的组织意会、柔性决策和动态执行三维度量表。组织健康要素的测量参考了王兴琼和陈维政（2008）的方法，选用组织绩效和企业社会责任两个组织层面的要素。其中，组织绩效的测量，考虑到从企业获得财务数据的实际困难，本节采用 Wang 等（2003）使用的相对绩效测量方式，通过与同行企业的对比来评估组织绩效的高低程度，具体包括企业销售额、销售增长率、市场占有率、员工士气、总资产增长率、竞争地位6个方面的测量题项。企业社会责任的测量，则采用邢雷等（2012）提出的员工、消费者、供应商、环境保护、公益慈善5个维度，本节结合访谈和专家意见对问卷稍做了修改，最终形成了 9 个题项的测量问卷。

全部量表问题均采用利克特 5 点式计分法，请调查对象根据对问题描述的同意程度从 1 到 5 做出评价，1 表示完全不同意，5 表示完全同意。研究使用 SPSS 19.0 和 AMOS 21.0 对样本数据进行分析，检验假设。

2. 数据采集与研究对象

本节以环渤海经济区的民营企业为样本，通过现场发放、问卷星链接、电子邮件等多种方式收集数据。首先，于 2016 年 6 月至 8 月对 52 家民营企业的高层管理者进行预调研，检验问卷中各变量的测度是否与实际相符合，以及判断调研对象对同一题项的理解是否具有一致性，同时收集管理者对伦理型领导行为开放性问题的回答情况。其次，结合调研对象的反馈，对问卷不合理、不恰当的语句表述进行了相应修改，形成正式调查问卷。最后，于 2016 年底对 300 多家民营企业的中高层管理者进行正式调研，共发放正式调查问卷 300 份，回收 265 份，回收率为 88%，其中有效问卷 207 份，有效率为 78%。

3. 信度与效度检验

通过 SPSS 软件计算，各变量的 Cronbach's α 值见表 2.6，可见每一个变量或维度的 Cronbach's α 值均大于 0.9，都在可接受范围内，这说明本节所用量表具有良好的信度。

表 2.6　各变量的 Cronbach's α 值

变量	Cronbach's α
伦理型领导（EL）	0.959
企业动态能力（DC）	0.938
组织意会能力（OS）	0.945
柔性决策能力（FD）	0.954
动态执行能力（DI）	0.916
组织绩效（OP）	0.926
企业社会责任（CSR）	0.948

由于本节所使用的量表都是被实证检验过的成熟量表，又结合对 10 位企业高管的访谈以及对 5 位相关专家的咨询，对问卷进行了修订，因此，量表具有较好的内容效度。为检验量表的建构效度，本节使用 AMOS 软件对量表进行了验证性因素分析，各变量结构模型的拟合情况见表 2.7。可见各项拟合指标数值都在可接受的范围内，说明模型拟合较好，因此每个量表都具有较好的建构效度。

表 2.7　各变量验证性因素分析的拟合指标数值

拟合指标	EL	DC	OP	CSR
χ^2（$p>0.5$）	37.628	151.138	14.855	51.758
df	35	101	9	35
χ^2/df（<3）	1.075	1.496	1.651	1.479
RMSEA（<0.08）	0.051	0.049	0.056	0.048
GFI（>0.9）	0.949	0.914	0.977	0.953

续表

拟合指标	EL	DC	OP	CSR
AGFI（>0.9）	0.920	0.885	0.945	0.934
TLI（NNFI）（>0.9）	0.987	0.980	0.989	0.986
CFI（>0.9）	0.990	0.983	0.993	0.925

2.2.3　数据分析与结果

1. 两个变量间的影响关系

首先，检验伦理型领导与组织绩效和企业社会责任的影响关系。基于研究假设，对它们的关系构建结构方程模型，经过计算，得到伦理型领导对组织绩效作用的路径系数为 0.887（$p=0.000$），其作用于企业社会责任的路径系数为 0.925（$p=0.000$），$H_{2.1}$、$H_{2.2}$得到了验证。

其次，采用相同的方法，得到伦理型领导与企业动态能力之间、企业动态能力与组织绩效和企业社会责任这两个组织健康要素之间的三组路径系数。检验结果见表2.8，可见，$H_{2.3}$、$H_{2.4}$、$H_{2.5}$这三个假设及其子假设均得到了验证。

表2.8　两个变量间的路径系数与假设检验结果

变量关系	路径系数	p 值	假设	检验结果
EL→OP	0.887***	0.000	$H_{2.1}$	通过
EL→CSR	0.925***	0.000	$H_{2.2}$	通过
EL→DC	0.889***	0.000	$H_{2.3}$	通过
EL→OS	0.831***	0.000	$H_{2.3a}$	通过
EL→FD	0.801***	0.000	$H_{2.3b}$	通过
EL→DI	0.784***	0.000	$H_{2.3c}$	通过
DC→OP	0.925***	0.000	$H_{2.4}$	通过
OS→OP	0.444***	0.000	$H_{2.4a}$	通过
FD→OP	0.226***	0.000	$H_{2.4b}$	通过
DI→OP	0.469***	0.000	$H_{2.4c}$	通过
DC→CSR	0.926***	0.000	$H_{2.5}$	通过
OS→CSR	0.419***	0.000	$H_{2.5a}$	通过
FD→CSR	0.403***	0.000	$H_{2.5b}$	通过
DI→CSR	0.267***	0.000	$H_{2.5c}$	通过

***表示 $p<0.001$

2. 模型整体的影响关系

首先，通过对伦理型领导、企业动态能力、组织绩效这三个变量关系建立结构方程模型，研究变量间的影响关系。企业动态能力在伦理型领导与组织绩效之间的中介作用模型拟合指标分别为：$\chi^2/df=1.393$，RMSEA=0.044，GFI=0.842，AGFI=0.818，TLI=0.970，CFI=0.972。可见各拟合指标都达到了比较好的水平，说明拟合度比较好。结合温忠麟和叶宝娟（2014）关于中介效应检验的方法分析，采用 Preacher 和 Hayes（2004）以及 Hayes（2013）的 Bootstrap 法来检验企业动态能力在伦理型领导与组织绩效之间的中介效应，结果见表 2.9，LLCI=0.225，ULCI=0.569，95%的置信区间不包含 0。因此，企业动态能力在伦理型领导与组织绩效之间的中介效应显著，且中介效应的大小为 0.369。在控制了中介变量企业动态能力之后，LLCI=0.334，ULCI=0.557，自变量伦理型领导对因变量组织绩效的影响仍是显著的。因此，企业动态能力在伦理型领导与组织绩效的关系中起到了部分中介作用，$H_{2.6}$ 得到验证。

表 2.9　企业动态能力在伦理型领导与组织绩效之间的中介效应检验结果

路径	系数	SE	95%的置信区间	
			上限	下限
无中介	0.446	0.057	0.334	0.557
EL→DC	0.723	0.079	0.563	0.872
DC→OP	0.691	0.234	0.393	1.197
EL→DC→OP	0.369	0.090	0.225	0.569

其次，通过对伦理型领导、企业动态能力、企业社会责任这三个变量关系建立结构方程模型，研究变量间的影响关系。企业动态能力在伦理型领导与企业社会责任之间的中介作用模型拟合指标分别为：$\chi^2/df=1.349$，RMSEA=0.041，GFI=0.825，AGFI=0.801，TLI=0.969，CFI=0.971。可见各拟合指标都达到了比较好的水平，说明模型拟合较好。同样采用 Bootstrap 法检验企业动态能力的中介效应，结果见表 2.10，LLCI=0.168，ULCI=0.454，95%的置信区间不包含 0。因此，企业动态能力在伦理型领导与企业社会责任之间的中介效应显著，且中介效应的大小为 0.285。在控制了中介变量企业动态能力之后，LLCI=0.446，ULCI=0.635，自变量伦理型领导对因变量企业社会责任的影响仍是显著的。因此，企业动态能力在伦理型领导与企业社会责任的关系中起到了部分中介作用，$H_{2.7}$ 得到验证。

表 2.10　企业动态能力在伦理型领导与企业社会责任之间的中介效应检验结果

路径	系数	SE	95%的置信区间	
			上限	下限
无中介	0.540	0.048	0.446	0.635
EL→DC	0.722	0.079	0.560	0.869
DC→CSR	0.505	0.197	0.253	0.977
EL→DC→CSR	0.285	0.074	0.168	0.454

2.3　战略型领导对企业社会责任的影响：组织合法性视角下的实证研究

2020 年伊始，新冠疫情肆虐全球多个国家，企业的生产经营活动都受到了很大程度的影响。在面对严重的突发事件时，企业领导者更需要在战略的高度把控全局，帮助企业渡过难关。2020 年 7 月 21 日，习近平总书记在企业家座谈会上指出："只有真诚回报社会、切实履行社会责任的企业家，才能真正得到社会认可，才是符合时代要求的企业家。"关于高层领导如何驱动企业承担社会责任的问题已经引起了学者们的关注，也取得了一些研究成果。例如，已有研究证实责任型领导、伦理型领导等高层领导特征对企业社会责任有显著的积极影响（S. Wang et al.，2015；马苓等，2018b）。战略领导能力是多种领导能力的综合体现，也是其他领导能力的最终落脚点（高明华，2019），但是关于战略型领导对企业社会责任的影响尚待实证研究的检验。同时，企业社会责任会受到内外部因素的共同作用，因此其作用机制也有待学者的深入探究。

本节选择组织合法性视角为切入点，旨在分析在组织文化（内部情境因素）和制度压力（外部情境因素）的共同影响下，战略型领导对企业社会责任的影响与作用机制。研究结论将为企业的社会责任推广提供新的途径，为企业管理者的甄选与评价提供新的思路，为政府和社会的企业社会责任管理提供建议。

2.3.1　理论基础与研究假设

1. 战略型领导与企业社会责任

战略型领导是指领导者个人准确预测未来、规划愿景、保持灵活性和战略思维并与他人合作以推动变革的能力（Ireland and Hitt，1999）。从高阶理论视角来看，组织的行为和产出不仅能反映其外部环境特征和内部价值观，还在很大程度上反映了其战略型领导者的特征（王辉等，2011）。企业社会责任是指社会在一定时期对企业在经济、法律、道德和慈善方面的表现所提出的期望（Carroll，1979），强调把社会责任理念融入企业战略之中（王清刚和徐欣宇，2016）。可见，企业社会责任是一种战略选择，作为制定和执行企业战略的关键决策人，战略型领导能够为组织创造切实可行的发展前景，在企业社会责任承担方面起着关键作用（尹珏林，2012）。战略型领导在中国文化背景下包括设定愿景、开拓创新、监控运营、展示威权、关爱下属和协调沟通六个维度（王辉等，2006）。Wang 等（2011）通过研究发现，战略型领导的设定愿景、开拓创新、监控运营行为会直接促进公司业绩提升；其协调沟通、关爱下属、展示威权行为会通过改善员工态度来间接提高公司业绩。王锋（2020）同样认为高层领导者的战略型领导行为能够提升企业绩效。财务绩效的提升能够显著地提高企业的社会责任履行水平（谢昕琰和刘溯源，2021）。在此基础上，本节提出如下假设。

H$_{2.8}$：战略型领导显著正向影响企业社会责任。

2. 战略型领导与组织文化

在组织中，领导者需要建立并维持一个所有人都能接受的意义系统，包括愿景、使命、价值观和行为准则（Gioia and Chittipeddi，1991），即组织文化。领导者的主要任务是管理文化，即组织的蓝图、使命、价值观、规范等共有的意义系统（Schein，2004）。有研究表明，战略型领导能够通过内部整合性和外部适应性组织文化对组织经营效果产生积极影响（王辉等，2011）。内部整合性组织文化包括人际和谐与员工发展两个维度，外部适应性组织文化包括顾客导向、创新精神与社会责任三个维度（王辉等，2011）。战略型领导会树立愿景，注重组织和社会的协同发展，本着承担社会责任的精神，促进与外部环境相适应的价值观的形成。此外，战略型领导还会促进组织愿景和使命的完成，促进成员之间的相互影响（张钢和李慧慧，2020），加强成员之间的团结协作关系，促进内部整合性组织文化的产生和持续。基于以上分析，本节提出如下假设。

H$_{2.9}$：战略型领导显著正向影响组织文化。

H$_{2.9a}$：战略型领导显著正向影响内部整合性组织文化。

H$_{2.9b}$：战略型领导显著正向影响外部适应性组织文化。

3. 组织文化与企业社会责任

组织文化是一种其他企业很难模仿的无形资源，能够激发企业做出利于成功的关键决策（Greenley and Foxall，1997，1998）。具体来看：人际和谐导向的组织文化能够促使组织形成良好的伦理道德氛围，促进企业做出符合伦理道德的决策；在员工发展导向的组织文化中，将员工作为企业的重要利益相关者，重视其成长和发展，体现了企业对员工责任的履行；顾客导向的组织文化说明企业能够意识到维护客户利益和满足客户需求的重要性（徐尚昆，2012），促进了企业社会责任的承担；创新精神导向的组织文化强调通过组织文化建设，企业会不断地追求创新，体现社会责任理念，确保企业长期发展的价值引导（时勘等，2016）；社会责任导向的组织文化会对企业社会责任及其履行方式产生重要影响（Maignan and Ferrell，2000；Zadek，2004；Swanson，1999）。

总体来看，在强调内部整合的组织文化中，重视员工的个人发展，明确员工的工作目标和组织的奖惩制度，对员工做出公平的决策，从而实现员工的责任。外部适应性组织文化则强调维护顾客利益、严格遵守法律规章制度，同时聚焦可持续发展，加强环境保护，以全面履行对顾客、政府部门及社会的责任。因此，本节提出如下假设。

$H_{2.10}$：组织文化显著正向影响企业社会责任。

$H_{2.10a}$：内部整合性组织文化显著正向影响企业社会责任。

$H_{2.10b}$：外部适应性组织文化显著正向影响企业社会责任。

4. 组织文化的中介作用

在特定的组织文化背景下，领导者在决策过程中考虑商业道德与伦理要素，并使之制度化，这一过程对企业社会责任有着重要的影响。通过实施伦理性与制度化管理，企业可以推进社会责任的落实，并使之更稳定、更持久，把道德意识和伦理认知水平落实到组织日常管理实践中，促进所有员工自主监督和践行社会责任（晁罡等，2013）。基于高阶理论，战略型领导关注企业愿景、重视创新和关爱下属等，有利于形成内部整合性和外部适应性较强的组织文化，确立相应的经营理念和管理机制，并将社会责任融入企业战略，促进企业履行社会责任。因此，本节提出如下假设。

$H_{2.11}$：组织文化在战略型领导与企业社会责任的关系中起到中介作用。

$H_{2.11a}$：内部整合性组织文化在战略型领导与企业社会责任的关系中起到中介作用。

$H_{2.11b}$：外部适应性组织文化在战略型领导与企业社会责任的关系中起到中介作用。

5. 制度压力的调节作用

组织合法性是指组织的行为在多大程度上为社会所接受，并得到内外部利益相关者的认可，以及这些行为在多大程度上符合普遍存在的规范、规则和信念（Campbell，2007；Sonpar et al.，2010）。在日常经营活动中，企业在制度压力影响下，若能遵守组织结构要求和业务流程规范，便可以达到更高的合法性，也能获取更多样的资源，因此也具备更坚韧的生存能力（Yang and Konrad，2011）。

制度压力是指由社会观念、规范、文化等组成的制度环境对组织的形态、结构或行为的合法性、接受或支持程度产生的影响（刘洪深等，2013）。制度压力既是正式制度的强制约束，也是非正式制度的宽松规范，还表现为公众媒体、道德标准的约束规范等（谢昕琰和楼晓玲，2018）。已有研究发现，制度压力是促使企业采取对环境负责任行为的最主要因素之一（赵荔和苏靖，2019）。

从制度主义视角来看，企业社会责任活动既可能源于利益驱动，也可能来自对情境的依赖，即企业社会责任是在情境压力下产生的一种"非经济理性"行为，这一行为受到合法性机制的指引（尹珏林，2012）。在外部压力下，企业为了获得合法性，调整组织目标，改变经营方式，通过与员工的交流和对员工的照顾，贯彻内部整合性和外部适应性组织文化，促进企业的社会责任。当面对较大外界制度压力时，企业要及时采取有效措施应对压力，因此企业会更倾向于直接满足外部需求，快速采取社会责任行动。已有研究表明，企业在强规制压力作用下注重达到符合法律和政策的技术标准，迫切需要通过解决绿色创新的技术难题来履行社会责任（于飞等，2020）。因此，当外部制度压力较大时，组织文化对企业社会责任的促进作用越弱；反之，越强。因此，本节提出如下假设。

$H_{2.12}$：制度压力在组织文化与企业社会责任的关系中起到负向调节作用。

$H_{2.12a}$：制度压力在组织的内部整合性组织文化与企业社会责任的关系中起到负向调节作用。

$H_{2.12b}$：制度压力在组织的外部适应性组织文化与企业社会责任的关系中起到负向调节作用。

综合以上理论分析与研究假设，本节研究的理论模型框架如图 2.2 所示。

图 2.2　本节研究的理论模型框架

2.3.2　研究方法

1. 研究样本与数据收集

本节选取国内外应用较为成熟的量表作为调查问卷，以企业中高层管理者为调查对象，通过现场发放、问卷星在线发放等多种方式收集数据。问卷发放及数据收集过程历时三个月，共向企业中高层管理者发放问卷 400 份，回收问卷 328 份，回收率 82%，其中有效问卷 304 份，有效率为 93%。总体样本统计情况如表 2.11 所示。

表 2.11　有效样本信息的描述性统计分析结果（$N=304$）

变量	项目	数量	百分比
企业规模	0~299 人	155	50.99%
	300~999 人	53	17.43%
	1 000 人及以上	96	31.58%
企业类型	国有企业	99	32.57%
	民营或私营企业	155	50.99%
	外资企业	27	8.88%
	合资企业	23	7.57%
所属行业	房地产和制造业	75	24.67%
	交通运输和零售业	78	25.66%
	计算机和金融服务业	78	25.66%
	健康医疗和餐饮业	73	24.01%

2. 测量工具

本节量表均采用利克特 5 点式量表，1~5 表示从"非常不同意"到"完全同意"。

（1）企业社会责任。采用杨菊兰（2016）在 Turker（2009）研究基础上修改的量表，有对员工的责任、对社会的责任、对客户的责任和对政府的责任 4 个维度，15 个题项。本节中，该量表的 Cronbach's α 系数为 0.90。

（2）战略型领导。采用 Tsui 等（2006b）的量表，有设定愿景、开拓创新、监控运营、展示威权、关爱下属和协调沟通 6 个维度，24 个题项。本节中，该量表的 Cronbach's α 系数为 0.90。

（3）组织文化。采用 Tsui 等（2006b）开发的量表，有人际和谐、员工发展、顾客导向、勇于创新和社会责任 5 个维度，24 个题项。人际和谐和员工发展两个维度属于内部整合性组织文化；顾客导向、创新精神和社会责任 3 个维度则属于外部适应性组织文化。本节中，该量表的 Cronbach's α 系数为 0.93。

（4）制度压力。采用的沈奇泰松等（2014）在 Scott（1995）基础上开发的量表，有管制制度、规范制度和认知制度 3 个维度，15 个题项。本节中，该量表的 Cronbach's α 系数为 0.94。

（5）控制变量。本节选择了两个层面的控制变量：①领导层面：性别、年龄、受教育程度及工作年限；②企业层面：包括企业类型、企业规模及所属行业。

3. 分析技术

采用 SPSS 22.0 进行描述性统计、信度分析、相关系数分析和层次回归模型检验，采用 AMOS 22.0 进行验证性因子分析，并采用 Bootstrap 法进行多重中介效应的检验，在重复 5 000 次迭代的 95% 的置信区间下，检验组织文化是否中介战略型领导与企业社会责任的关系；采用层级回归模型，探究制度压力在组织文化和企业社会责任之间的调节作用。

2.3.3　数据分析与结果

1. 共同方法偏差

按照周浩和龙立荣（2004）的建议，采用程序控制和统计控制两种方法控制共同方法偏差对研究结果的影响。正式调查期间严格执行匿名填写，并对被调查对象的个人信息保密，以尽可能消除调查对象的顾虑，从根源减少共同方法偏差。选用 Harman 的单因子检验方法对所有变量进行未旋转主成分分析来测度共同方法偏差的严重程度。结果显示：第一个主成分占比为 35.675%，低于 50% 的判断标准，表明本节的共同方法偏差问题在可接受范围之内。

2. 验证性因子分析

利用 AMOS 22.0 进行验证性因子分析，详见表 2.12。其中量表的四因子模型比其他三个模型的拟合效果理想，说明量表的区分效度良好。

表 2.12　验证性因子分析结果

模型	χ^2	df	χ^2/df	RMSEA	CFI	IFI	GFI	NNFI
单因子模型	339.776	60	5.66	0.11	0.89	0.89	0.87	0.86
双因子模型	285.35	59	4.84	0.11	0.89	0.89	0.88	0.85
三因子模型	224.02	57	3.93	0.09	0.92	0.92	0.90	0.89
四因子模型	154.41	54	2.86	0.07	0.95	0.95	0.93	0.93

注：单因子模型为战略型领导+组织文化+企业社会责任+制度压力；双因子模型为战略型领导+组织文化、制度压力+企业社会责任；三因子模型为战略型领导+组织文化、制度压力、企业社会责任；四因子模型为战略型领导、组织文化、制度压力、企业社会责任

3. 描述性统计

本节采用 SPSS 22.0 对量表进行描述性统计分析和信度分析。由表 2.13 可知，战略型领导与组织文化的相关系数为 0.53，战略型领导与企业社会责任的相关系数为 0.57，组织文化与制度压力的相关系数为 0.22，组织文化与企业社会责任的相关系数为 0.60，变量两两之间在 $p<0.01$ 水平上呈显著正相关；战略型领导与制度压力的相关系数为 -0.03，两者在 $p<0.05$ 水平上呈显著负相关；制度压力与企业社会责任相关系数为 -0.44，变量两两之间在 $p<0.01$ 水平上呈显著负相关。这为后续检验关系提供了初步依据。数据结果表明变量的方差膨胀因子（VIF）均小于 2，可排除多重共线性问题。

表 2.13　变量相关性分析结果

变量	M	SD	1	2	3
1. 战略型领导	3.53	0.57			
2. 组织文化	4.19	0.68	0.53**		
3. 制度压力	3.95	0.67	−0.03*	0.22**	
4. 企业社会责任	3.78	0.74	0.57**	0.60**	−0.44**

*表示 $p<0.05$，**表示 $p<0.01$
注：M 表示平均数，SD 表示标准差，$N=304$

4. 假设检验

1）主效应检验

战略型领导、组织文化对企业社会责任的回归分析结果如表 2.14 所示。由模型 2 可知，在控制人口统计学变量后，战略型领导显著正向影响企业社会责任（$\beta=0.56$，$F=19.88$，$p<0.001$），$H_{2.8}$ 得到支持。

表 2.14　战略型领导、组织文化对企业社会责任的回归分析结果

自变量	企业社会责任					
	模型 1	模型 2	模型 3	模型 4	模型 5	模型 6
性别	−0.01	−0.04	−0.09	−0.08	−0.08	−0.08
年龄	0.05	0.02	0.00	0.00	−0.00	0.00
受教育程度	0.01	0.07	0.08*	0.09**	0.08	0.09*
工作年限	0.04	0.02	0.04	0.03	0.03	0.03
企业类型	−0.01	0.03	0.02	0.04	0.03	0.04
企业规模	0.18**	0.09	0.09*	0.07	0.09*	0.07

续表

自变量	企业社会责任					
	模型 1	模型 2	模型 3	模型 4	模型 5	模型 6
所属行业	0.01	0.04	0.04	0.05	0.04	0.05
战略型领导		0.56***		0.30***		0.28***
组织文化			0.61***	0.42***		
内部整合性组织文化					0.46***	0.26***
外部适应性组织文化					0.22***	0.22***
R^2	0.04	0.35	0.39	0.45	0.41	0.45
ΔR^2	0.04	0.31	0.35	0.10	0.37	0.04
F 值	1.77	19.88***	24.52***	27.01***	23.32***	24.34***

*表示 $p<0.05$，**表示 $p<0.01$，***表示 $p<0.001$

注：$N=304$

2）中介效应分析

战略型领导对组织文化的回归分析结果如表 2.15 所示。由模型 2 可见，战略型领导显著正向影响组织文化（$\beta=0.62$，$F=26.84$，$p<0.001$），$H_{2.9}$ 得到支持。由模型 4 可知，战略型领导显著正向影响内部整合性组织文化（$\beta=0.71$，$F=41.23$，$p<0.001$），$H_{2.9a}$ 得到支持。由模型 6 可知，战略型领导显著正向影响外部适应性组织文化（$\beta=0.44$，$F=10.57$，$p<0.001$），$H_{2.9b}$ 得到支持。

表 2.15　战略型领导对组织文化的回归分析结果

自变量	组织文化		内部整合性组织文化		外部适应性组织文化	
	模型 1	模型 2	模型 3	模型 4	模型 5	模型 6
性别	0.12*	0.09*	0.09	0.05	0.12*	0.10
年龄	0.08	0.05	0.08	0.05	0.07	0.05
受教育程度	−0.10	−0.04	−0.08	−0.00	−0.10	−0.06
工作年限	−0.00	−0.03	0.03	0.01	−0.04	−0.06
企业类型	−0.07	−0.02	−0.10	−0.03	−0.04	−0.00
企业规模	0.13*	0.04	0.11*	0.01	0.12*	0.06
所属行业	−0.05	−0.02	−0.04	−0.01	−0.05	−0.03
战略型领导		0.62***		0.71***		0.44***
R^2	0.04	0.42	0.03	0.51	0.03	0.22
ΔR^2	0.04	0.38	0.03	0.48	0.03	0.19
F 值	1.74	26.84***	1.55	41.23***	1.54	10.57***

*表示 $p<0.05$，***表示 $p<0.001$

注：$N=304$

由表 2.14 的模型 3 可知，组织文化显著正向影响企业社会责任（$\beta=0.61$，$F=24.52$，$p<0.001$），$H_{2.10}$ 得到支持。由模型 5 可知，内部整合性组织文化显著正向影响企业社会责任（$\beta=0.46$，$F=23.32$，$p<0.001$），$H_{2.10a}$ 得到支持；外部适应性组织文化显著正向影响企业社会责任（$\beta=0.22$，$F=23.32$，$p<0.001$），$H_{2.10b}$ 得到支持。

本节运用 Bootstrap 法（Bootstrap=5 000）进行层次回归检验，结果如表 2.16 所示，组织文化在战略型领导与企业社会责任间中介作用的估计值为-0.132（$p<0.001$），95%的置信区间为 [-0.245，-0.041]，不包含0，$H_{2.11}$ 得到支持。在表 2.14 中，相比于模型 2，模型 4 在加入组织文化这一变量之后，战略型领导对企业社会责任的回归系数从 0.56 降到了 0.30，但仍然显著。可见，组织文化在战略型领导与企业社会责任的关系中起到部分中介作用。

表 2.16 中介效应的 Bootstrap 检验结果

自变量	95%的置信区间			
	系数	误差	下限	上限
战略型领导-组织文化-企业社会责任	-0.132	0.052	-0.245	-0.041
战略型领导-内部整合性组织文化-企业社会责任	-0.038	0.059	-0.161	0.064
战略型领导-外部适应性组织文化-企业社会责任	-0.079	0.035	-0.161	-0.019

由表 2.16 可知，内部整合性组织文化在战略型领导与企业社会责任间中介作用的估计值为-0.038（$p<0.001$），95%的置信区间为 [-0.161，0.064]，包含 0，$H_{2.11a}$ 未得到支持；外部适应性组织文化在战略型领导与企业社会责任间中介作用的估计值为-0.079（$p<0.001$），95%的置信区间为 [-0.161，-0.019]，不包含 0，$H_{2.11b}$ 得到支持。由表 2.14 可知，相比于模型 2，模型 6 在加入外部适应性组织文化之后，战略型领导对企业社会责任的回归系数从 0.56 降到了 0.28，但仍然显著。可见，外部适应性组织文化在战略型领导与企业社会责任的关系中起到部分中介作用。

3）调节效应分析

制度压力的调节效应检验结果如表 2.17 所示。由模型 4 可知，控制企业类型、企业规模及所属行业后，组织文化与制度压力的交互项对企业社会责任具有显著影响（$\beta=-0.14$，$F=147.67$，$p<0.001$），$H_{2.12}$ 得到支持。由模型 7 可知，控制企业类型、企业规模及所属行业后，内部整合性组织文化与制度压力的交互项对企业社会责任没有显著影响（$\beta=-0.03$，$F=111.87$，$p>0.1$），$H_{2.12a}$ 未得到支持；外部适应性组织文化与制度压力的交互项对企业社会责任具有显著影响（$\beta=-0.13$，$F=111.87$，$p<0.001$），$H_{2.12b}$ 得到支持。

表 2.17　制度压力的调节效应检验结果

自变量	企业社会责任						
	模型 1	模型 2	模型 3	模型 4	模型 5	模型 6	模型 7
企业类型	−0.01	0.02	−0.02	−0.02	0.03	−0.02	−0.02
所属行业	0.03	0.05	−0.04	−0.05	0.05	−0.04	−0.05
企业规模	0.18**	0.12**	0.09**	0.10***	0.12**	0.09**	0.11**
组织文化		0.59***	0.72***	0.75***			
II					0.46***	0.41***	0.43***
EA					0.20***	0.40***	0.43***
SP			−0.61***	−0.65***		−0.60***	−0.65***
OC×SP				−0.14***			
II×SP							−0.03
EA×SP							−0.13***
R^2	0.03	0.38	0.73	0.75	0.40	0.73	0.75
ΔR^2	0.03	0.35	0.35	0.02	0.37	0.33	0.02
F 值	3.58*	47.30***	162.05***	147.67***	40.82***	135.45***	111.87***

*表示 $p < 0.05$，**表示 $p < 0.01$，***表示 $p < 0.001$

注：$N=304$，II=内部整合性组织文化，EA=外部适应性组织文化，SP=制度压力，OC=组织文化

借鉴 Aiken 和 West（1991）的做法，进行简单斜率检验，得到制度压力的调节效应，如图 2.3 和图 2.4 所示。可见，制度压力负向调节组织文化与企业社会责任之间的关系，从组织文化的两个维度来看，制度压力负向调节外部适应性组织文化与企业社会责任的关系。

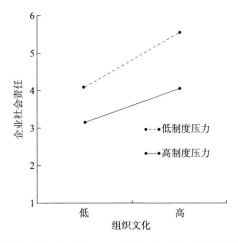

图 2.3　制度压力在组织文化与企业社会责任关系中的调节效应

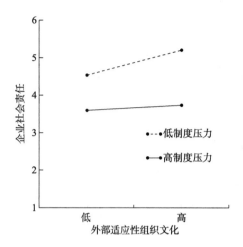

图 2.4　制度压力在外部适应性组织文化与企业社会责任关系中的调节效应

2.4　研究结论与讨论

2.4.1　伦理型领导与组织健康的内涵及其作用关系

1. 研究结论

本章以王石及其创建的万科为研究对象，以动态能力的综合观为理论视角，通过对公开信息的文本分析，辅以员工访谈，得出以下结论。

第一，通过典型案例分析以及核心关系的数据编码，发现伦理型领导通过企业动态能力对组织健康产生影响。外部环境的不确定性使得组织必须及时更新其动态能力来应对环境，特别是面对我国制度环境的变化，企业动态能力的发挥需要组织领导人的拉动。

第二，通过对案例资料的深入挖掘，发现战略导向的伦理型领导基于对外部环境的反应，能发挥企业动态能力（组织意会能力、柔性决策能力、动态执行能力），并以此促进组织健康发展。

第三，伦理型领导通过与多方利益相关者进行沟通，促使组织调动内外部资源积极应对，强化了企业动态能力。并且，来源于儒家思想，反映了一系列文化伦理的"关系"文化，在中国社会一直发挥着重要的作用，对伦理型领导的平衡关系行为起着重要作用。除此之外，中国自古讲求谋略思想，这也促成了持续学习的伦理领导行为。基于以上的案例分析，本章从动态能力的视角构建出伦理型领导与组织健康的关系模型，如图 2.5 所示。

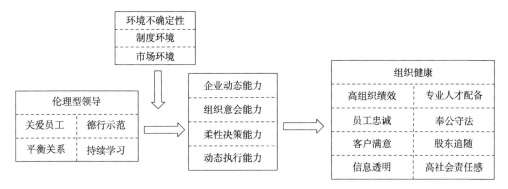

图 2.5　动态能力视角下伦理型领导与组织健康的关系模型

2. 理论贡献

本章从动态能力的视角探究了伦理型领导与组织健康之间的关系，理论贡献主要体现为以下两个方面。

第一，通过对王石及其创建的万科相关资料进行文本分析，探索出了战略导向的伦理型领导、组织健康及企业动态能力的新内涵。其中战略导向的伦理型领导行为具有四个维度的行为表现：关爱员工、德行示范、平衡关系和持续学习；前两个维度与以往学者的研究具有相似之处，后两个维度是本章的新发现。这与中国特殊情境下的"关系"文化和快速变化的环境有关，平衡关系与持续学习维度的发现为我国社会背景下的伦理型领导研究在一定程度上拓宽了概念的外延，但因为本章仅为单案例研究，也不是实证研究，所以外部效度检验还需在未来进行进一步研究。组织健康表现在八个方面：高组织绩效、专业人才配备、员工忠诚、奉公守法、客户满意、股东追随、信息透明及高社会责任感，大部分维度与之前的研究类似，但"奉公守法"是本章发现的新维度，这一新维度的出现与我国房地产行业的特殊性及政策、制度环境以及中国的儒家文化强调自律有关，其外部效度也有待更多的案例研究或进一步的实证研究来检验。企业动态能力在本章中包含三个维度，即组织意会能力、柔性决策能力和动态执行能力，这一结果与以往学者的研究类似，但后两个维度发现了新的内涵。

第二，通过对典型事件和数据编码分析，发现了伦理型领导与组织健康之间的关系：伦理型领导的四个维度通过影响企业动态能力的三个维度，进而对组织健康的八个方面产生影响，并且这一关系还受到环境不确定性特别是制度环境的作用。基于全部的数据分析结果，本章构建了理论关系模型框架，希望这一框架可以为领导行为与组织健康的多案例研究和进一步实证研究奠定基础。

2.4.2　伦理型领导对组织健康要素的影响机制

1. 研究结论

本章以我国环渤海经济区的民营企业为研究对象，从动态能力的视角对伦理型领导与组织健康要素的关系进行实证研究，得到以下主要结论。

第一，伦理型领导对企业绩效和社会责任都具有显著的正向影响。因为伦理型领导注重与员工的交流沟通，把员工的最大利益放在心上，会更好地提升员工士气和工作效率，进而生产出更高质量的产品。同时，伦理型领导树立伦理榜样，践行伦理规范等行为表现，会使企业更加关注员工的利益，为客户提供更好的服务与产品，积极参与公益事业，自觉承担社会责任。

第二，伦理型领导对企业动态能力具有显著的正向影响。具体来看：伦理型领导对企业的组织意会、柔性决策和动态执行三种动态能力都具有显著的正向影响，但对组织意会和柔性决策两种能力的影响大于对动态执行能力的影响。可见，伦理型领导在识别和抓住新的战略机会上起着不可或缺的作用，他们倾听员工的心声，与员工沟通企业伦理或者价值观，以做出公正周全的决策等一系列行为表现，使企业能够更好地投资于研发、不断探索顾客需求以及各种技术可能性、理解潜在的顾客需求以及供应商和竞争对手的响应等。

第三，企业动态能力对组织绩效和企业社会责任两个组织健康要素都具有显著的正向影响，其中动态执行能力对组织绩效的影响最大，组织意会能力对企业社会责任的影响最大。可见，企业领导通过与员工、顾客和供应商等内外部利益相关者的交流互动，使企业更加了解利益相关者的诉求，从而影响企业整体社会责任行动的水平。

第四，企业动态能力在伦理型领导对组织绩效与企业社会责任两个组织健康要素的影响中起到部分中介作用。剖析其内在的作用机理发现：在不断变化的市场环境中，伦理型领导首先基于对内外部环境的初判，辨识可能存在的机会与威胁；然后通过与员工交流沟通、分享愿景，激发员工的兴趣和使命感，使得员工积极探索新技术、新产品和新市场等。同时，伦理型领导注重员工的最大利益，有助于减少企业内部员工之间的冲突，满足外部客户要求，并且能兼顾环境、股东及社会利益。此外，伦理型领导关注伦理标准的制定、绩效的评估以及相应的奖惩机制，保证了企业各项战略举措的落实、各个部门资源的合理配置与良好的执行效果，最终赢得客户满意，增强市场竞争力，树立良好的社会形象，获取持续竞争优势。

2. 理论贡献

本章从动态能力的视角对伦理型领导与组织健康要素的关系进行实证研究，主要有以下三点理论贡献。

第一，从动态能力的视角，剖析了伦理型领导对组织绩效与企业社会责任两个组织健康要素的作用机理。已有学者从伦理氛围和伦理文化的视角，检验了伦理型领导对企业绩效或社会责任的作用机制（Shin et al.，2015；Wu et al.，2015）。本章从企业动态能力的角度，进一步阐释了伦理型领导对这些组织健康要素的作用机理，为未来本领域的深入研究奠定基础。

第二，验证了伦理型领导对企业动态能力的显著影响及其对企业动态能力各维度影响的差异性。这一结果证实了已有学者提出的高层管理者在企业动态能力发展中的重要作用（Adner and Helfat，2003）。已有学者验证了变革型领导或企业家精神对企业动态能力的影响（许晖等，2013；宋铁波和曾萍，2011；张琳等，2016）。本章则验证了伦理型领导行为对企业动态能力也具有显著的影响，拓展了已有实证研究的范畴。

第三，验证了企业动态能力对组织健康要素的显著影响，以及动态能力各维度对组织绩效与企业社会责任影响的差异性。这一结果与学者们验证的动态能力对企业各方面绩效的影响相一致（吴航，2016）。本章进一步验证了动态能力对企业社会责任的显著影响，以及动态能力中不同的能力因子对组织绩效和社会责任贡献度的差异性。

2.4.3　战略型领导对企业社会责任的影响机制

1. 研究结论

本章通过对 304 家企业的调研与数据分析，主要得出以下三个方面的研究结论。

第一，战略型领导对企业社会责任有显著的正向影响作用。具有开拓创新、设定愿景、监控运营、协调沟通、关爱下属、展示威权等行为特征的战略型领导显著正向影响企业社会责任。具体来看：首先，战略型领导善于捕捉并利用有价值的信息，规划企业的发展方向，提升竞争优势和市场地位，确保企业盈利水平。战略型领导能保证按时支付员工的基本工资，甚至能为员工提供培训和发展机会来提升技能和素质，同时关心员工的心理和身体健康状况，为员工的全面发展提供机会和多种福利等有力支持，塑造了对员工负责的良好企业形象。其次，在企业发展过程中，战略型领导能够对企业的运营情况实施有效的监控，规范运营流程，向客户披露准确信息并提供优质产品与服务，履行对客户的社会责任。最后，战略型领导服从政府部门的管理且响应号召，善于通过沟通和协调建立诚信协作的企业内外部关系；遵循并强调可持续发展理念，寻求组织及社会的长期稳定发展，表现出对政府与社会的责任担当。

　　第二，外部适应性组织文化部分中介了战略型领导和企业社会责任之间的关系，内部整合性组织文化并未中介战略型领导与企业社会责任的关系。战略型领导善于为企业描绘长期可行的发展蓝图，设定明确的发展目标，把握正确的企业成长方向。这种领导能够很好地把握对顾客等利益相关者的责任履行情况，对于形成外部适应性较强的组织文化有积极作用。此外，战略型领导重视开拓创新，有利于形成具有创新精神的外部适应性组织文化，并通过创新绿色生产技术等方式履行社会责任。

　　第三，制度压力负向调节组织文化及外部适应性组织文化与企业社会责任的关系。为提高企业的社会责任投入力度，取得良好的履责效果，政府应着力引导企业树立并内化社会责任理念，严厉打击失责行为严重的企业。在高制度压力下，企业需要服从政府管理，自发推进社会责任行动，以避免遭受经济和声誉上的双重损失，因此组织文化对企业社会责任的正向作用效果会相应地被削弱。此外，政府若对市场中其他企业的履责行为加以赞赏和宣扬，将会给社会责任实践水平较低的企业施加无形的压力。因此，在高制度压力下，外部适应性的组织文化对企业社会责任的正向作用效果也会在一定程度上减弱。

2. 理论贡献

　　本章以企业中高层管理者为研究对象，从组织合法性视角，探讨战略型领导与企业社会责任的关系，并检验组织文化与制度压力在其中的作用，主要有两方面的理论贡献。

　　第一，区别于已有理论视角的研究，本章从企业的领导者方面研究其行为对企业社会责任行为的影响。分析战略型领导对企业社会责任行为的影响及其作用机制，发现战略型领导作为组织的领导而不是组织内的领导，对组织的战略和决策起到至关重要的作用。

　　第二，已有研究发现，管理者的责任取向、个人价值观、领导风格等都会对社会责任的履行产生影响。本章研究有助于进一步发现企业社会责任行为领导者方面的动因，丰富企业社会责任行为相关研究。

2.5　企业管理启示

2.5.1　伦理型领导对组织健康的促进作用

　　本章以组织动态能力综合观为研究视角，最终探索出伦理型领导对组织健康的影响机制模型，证明领导的个人特质及行为通过组织动态能力最终影响组织健康，对企业的实践管理启示主要体现在以下两方面。

第一，本章对伦理型领导内涵及组织健康构成要素的探究对于规范领导行为与组织管理具有一定的借鉴作用，对于中国的管理实践具有重要的指导意义。这一研究结果使得组织明白，若想达到健康状态，领导人的作用是巨大的——领导对组织动态能力的积极拉动起到了重要的作用，是组织健康状态达成的催化剂。

第二，本章发现环境不确定性在伦理型领导与组织动态能力之间起到调节作用，对于企业的动态能力与环境适应能力的提升有一定的参考价值。这一研究结果将使企业组织及其领导人意识到，要积极采取措施应对不断变化的外部环境，提高应变能力。

2.5.2　伦理型领导对组织健康要素的积极影响

本章以我国环渤海经济区的民营企业为研究对象，从动态能力的视角围绕伦理型领导对组织绩效和企业社会责任这两个组织健康要素的影响进行实证研究，对于企业的实践管理启示主要有以下四方面。

第一，将伦理因素纳入领导的招聘与选拔体系。领导在经营决策中的伦理行为是影响企业绩效与社会责任的重要内部因素，对伦理型领导的重视与培养成为企业发展的必然选择。因此，企业在招聘与选拔实践中，可在个性测试及结构化面试中加入一些伦理因素的情境设计，考察候选人的个性特征和对待伦理行为的态度，以此来选拔那些责任心强、善于沟通、诚实守信、值得信赖以及对待伦理困境态度明确、处理方式得当的个体，以使得具有伦理型领导潜在特质的人才进入企业。

第二，将行为的伦理性作为领导的考核与培训标准。由于领导的伦理行为表现对企业动态能力的形成发挥着重要的作用。我国对领导者的德非常重视，强调对领导要"以德为先"（杨齐，2014）。因此，组织可以通过为领导者设定伦理角色标准，同时加强对领导进行以下培训：如何提高伦理沟通技能，如何奖励（惩处）员工的（非）伦理行为，如何以身作则、言行一致，成为其他人学习与效仿的角色典范，如何在制定和执行决策过程中确保公平、公正等。

第三，将企业动态能力的管理融入企业建设过程。作为一项重要的战略投资，企业应重视伦理型领导对企业动态能力的转化作用，尤其是对组织意会能力和动态执行能力的转化作用，因为这两种能力对组织绩效和企业社会责任的影响作用更大。因此，企业的高层管理者应因势利导，积极对企业内外部信息进行探索、捕捉和识别，将企业的动态能力与企业的战略目标相结合。企业首先要提高信息管理的水平和效果，为准确把握环境变化的趋势奠定基础；其次要建立信息共享平台，给员工充分建言和表达想法的机会与通道，有利于其更好地参与企业决策制定，促进员工创造力的发挥，从而提高企业的动态能力。

第四，从伦理文化建设入手，践行企业社会责任。企业社会责任已被视为改善企业业绩底线的战略性资源，有利于不断提升企业竞争力（王昶等，2012）。因此，企业要增强整体的社会责任意识，把企业社会责任融入企业文化建设过程中，通过领导者以身作则和企业宣传，对员工产生潜移默化的影响。同时，从制度上组织内要严惩贪污受贿活动，对监察举报者给予相应奖励等，切实使员工认识到讲求伦理、履行社会责任是关乎自身、组织和社会的大事。

2.5.3 战略型领导对企业社会责任的积极影响

本章从组织合法性视角，探讨战略型领导与企业社会责任的关系，并检验组织文化与制度压力在其中的作用，对于企业实践管理启示主要有以下三方面。

第一，企业对中、高层管理人员的选拔要优先考虑具有开拓创新、设定愿景、关爱下属等行为特征的战略型领导。因为这种类型的领导十分关爱下属，能准确把握企业发展动向，强调企业和社会的可持续发展等，能从整体上有效地融合企业社会责任与企业目标，促进企业自发地承担社会责任，实现企业与利益相关者的共赢，进而助力企业的可持续发展。

第二，在对中高层管理人员的培训中，企业应该清楚地认识到完善组织文化建设、推动企业社会责任的关键是重视培养经营者的开拓创新、愿景设定等战略型领导应具备的突出能力。具备这些能力的领导者可以通过作用于组织文化，尤其是外部适应性的组织文化来提升企业社会责任履行水平和实践效果。因此，除培训战略型领导外，在组织的日常管理中直接构建外部适应性高的组织文化也具有重要意义。

第三，为了达成全面推动企业承担社会责任的目标，政府有必要加大社会责任理念的宣传力度，制定劳动法规、环境保护等严格的法律和政策，严格执行对失责企业的惩罚措施，争取最大限度地抑制企业失责行为，因为制度压力的存在使得战略型领导建立良好组织文化进而使企业社会责任的作用减弱，因而企业直接采取社会责任决策的倾向更强。同时，加强对文化薄弱企业的管理，鼓励企业将组织文化建设与社会责任履行相结合。

本 章 附 录

一、伦理型领导①

1. 听员工说什么。
2. 纪律处分违反道德标准的员工。
3. 以合乎道德的方式进行个人生活。
4. 是否考虑到员工的最大利益？
5. 做出公平和平衡的决定。
6. 可以信任。
7. 与员工讨论商业道德或价值观。
8. 在道德方面树立如何以正确的方式做事的榜样。
9. 不仅通过结果定义成功，还通过获得成功的方式定义成功。
10. 在做决定时，你会问："什么是正确的做法？"

二、企业动态能力②

1. 公司能先于多数竞争者察觉环境变化。
2. 公司经常召开部门间会议讨论市场需求情况。
3. 公司能正确理解内外环境变化对企业的影响。
4. 公司能从环境信息中发现可能的机会与威胁。
5. 公司有比较完善的信息管理系统。
6. 公司对市场的判断力、洞察力很强。
7. 公司能很快处理战略决策过程中的各种冲突。
8. 很多情况下公司能做出即时处理战略问题的决策。
9. 公司能准确地根据环境变化进行市场再定位。
10. 当发现顾客不满意时，我们会立即采取纠正措施。
11. 公司能快速重新组合资源以适应环境变化。

---

① Brown M E, Trevino L K, Harrison D A. Ethical leadership：a social learning perspective for construct development and testing[J]. Organizational Behavior and Human Decision Processes，2005，97（2）：117-134.

② 李大元，项保华，陈应龙. 企业动态能力及其功效：环境不确定性的影响[J]. 南开管理评论，2009，12（6）：60-68.

12. 公司战略能有效分解落实。

13. 不同执行部门间合作很好。

14. 在执行部门战略时能得到其他相关部门的协助。

15. 战略目标实现程度与个人奖惩结合。

16. 企业能有效追踪执行效果。

三、组织绩效[①]

1. 销售额。

2. 销售增长率。

3. 市场占有率。

4. 员工士气。

5. 总资产增长率。

6. 竞争地位。

四、企业社会责任[②]

1. 公司能保证消费者对产品获得完整、准确、真实的信息。

2. 公司通过经常的客户满意度调查等措施了解客户需求和意见。

3. 公司制定有反对和预防商业贿赂的方针和措施。

4. 公司具有明确的环境保护目标和环境保护责任制度。

5. 公司有资源利用率高、污染物排放少的专门设备和技术工艺。

6. 公司依法、按时、诚信地纳税。

7. 公司积极参与科普教育、赈灾救助等社会公益事业。

8. 公司在成长机会、薪酬待遇等方面更加关注员工的利益。

9. 公司高度重视员工的身心健康，关注公司内部的人际和谐。

五、企业社会责任[③]

1. 提供增进社会福利的活动和项目。

---

① Wang D, Tsui A S, Zhang Y, et al. Employment relationships and firm performance：evidence from an emerging economy[J]. Journal of Organizational Behavior，2003，24（5）：511-535.

② 邢雷，时勘，臧国军，等. 健康型组织相关问题研究[J]. 中国人力资源开发，2012，（5）：15-21.

③ 杨菊兰. 企业社会责任行为对员工工作绩效的跨层次作用机制研究[D]. 山西财经大学硕士学位论文，2016.

2. 采用专门计划降低对自然环境的负面影响。

3. 参与保护和改善自然环境的活动。

4. 把为后代负责、实现可持续增长作为发展目标。

5. 对有利于子孙后代生活的项目进行投资。

6. 对员工的受教育需求给予支持。

7. 政策鼓励员工发展技能和职业素养。

8. 为员工的工作生活平衡提供灵活的政策。

9. 管理方式比较关注员工的需求。

10. 有关员工的管理决策通常很公平。

11. 公司向客户提供有关其产品的完整和准确的信息。

12. 公司依法尊重消费者的所有权利。

13. 客户满意度对我们公司来说非常重要。

14. 总是按时支付税款。

15. 全面严格遵守法律规定。

六、战略型领导①

1. 愿意承担风险。

2. 敢于创新。

3. 希望尝试新的计划和想法。

4. 具有充沛的企业家精神。

5. 有创造力。

6. 有妥善处理人际关系的技巧。

7. 能很好地与员工沟通。

8. 善于平衡人际关系。

9. 与员工相处融洽。

10. 能够促进人际关系。

11. 关心员工家庭成员。

12. 关心员工个人生活。

13. 像关心家人一样对待员工。

14. 爱护和关心下属。

15. 能清楚地沟通他对公司未来的愿景。

---

① Tsui A S, Zhang Z X, Wang H, et al. Unpacking the relationship between CEO leadership behavior and organizational culture[J]. The Leadership Quarterly, 2006, 17（2）: 113-137.

16. 为员工阐明一个光明的未来。
17. 清楚公司未来 5 年的发展。
18. 强调公司的长期计划。
19. 个人可以控制大多数事件。
20. 自己集权决策。
21. 单方面决策并采取个人行动。
22. 能很好地控制不同的项目和计划。
23. 监控组织的经营。
24. 能有效控制组织的运营环境。

七、企业文化[①]

（一）人际和谐

1. 促进员工之间的情感分享。
2. 强调团队建设。
3. 鼓励合作。
4. 相信员工。
5. 培养合作精神。
6. 关注员工的个人成长与发展。
7. 考虑员工。
8. 关心员工的意见。

（二）顾客导向

9. 最大限度地满足顾客的需要。
10. 真诚的客户服务。
11. 顾客是第一。
12. 为客户提供一流的服务。
13. 非常强调顾客的利益。

（三）勇于创新

14. 不断开发新产品和新服务。
15. 准备好接受新的更改。

---

① Tsui A S, Wang H, Xin K R. Organizational culture in China：an analysis of culture dimensions and culture types[J]. Management & Organization Review，2006，2（3）：345-376.

16. 大胆引进高新科技。
17. 鼓励创新。

（四）员工发展

18. 保持严格的工作纪律。
19. 有明确的奖惩标准。
20. 有完善的制度和规章制度。
21. 为员工设定清晰的目标。

（五）社会责任

22. 显示社会责任。
23. 具有服务于社会的使命感。
24. 注重经济效益和社会效益。

八、制度压力[①]

1. 各级政府对违反社会责任的经营行为有严厉的惩罚措施。
2. 政府通过举报和严格执法等措施来保障市场主体的利益。
3. 各级政府通过各种形式宣传企业社会责任理念。
4. 国家对公众反映的违反社会责任行为有迅速反应。
5. 公司从行业或职业协会中了解企业社会责任理念。
6. 对社会责任的经营理念备受本地公众的推崇。
7. 公众对企业负责任地对待利益相关者的行为非常赞赏。
8. 公司领导、员工接受的社会责任教育对企业有很强的影响力。
9. 业内企业因其社会责任履行较好而扩大了它的知名度。
10. 公司密切关注同行业在公共关系中的策略和举措。
11. 企业所在的行业组织制定了企业社会责任准则。
12. 社会责任建设做得好的同行在经营中的效益也好。
13. 公司商业伙伴逐渐加强了企业社会责任体系建设。
14. 本地或同业标杆企业社会责任情况对本企业有深刻影响。

---

① 沈奇泰松，葛笑春，宋程成. 合法性视角下制度压力对 CSR 的影响机制研究[J]. 科研管理，2014，35（1）：123-130.

第3章 企业社会责任对员工敬业度的影响：基于社会交换的视角

3.1 企业社会责任促使员工敬业的内在机制：对海底捞的案例分析

随着社会对企业社会责任问题的日益重视，消费者、投资者、供应商和员工对企业承担社会责任的诉求不断增加，组织的决策者面临着如何管理这些活动并均衡分配有限资源等问题。与此同时，管理者越来越关注如何制定相关政策，将企业社会责任与内部管理实践和员工主动性结合起来（Morgeson et al., 2013）。已有学者开始关注企业社会责任对员工态度与行为的影响，并从社会认同、社会交换、组织公平等多个理论视角展开研究（Wang et al., 2016；马苓等，2018a）。盖洛普、翰威特等咨询公司研究发现，员工敬业度是预测组织绩效的一个重要指标，而且大量实证研究证实：敬业的员工对待自己的工作会更加充满活力、专注并乐于奉献，更可能为组织带来持续的竞争优势。然而，只有少数学者定性分析了企业社会责任对员工敬业度的影响，相关的案例与实证分析还处于空白阶段，有待深入研究。

员工是组织的重要资源，如何构建和谐的员工-组织关系一直是企业关注的重要问题，而社会交换理论是解释企业与员工关系的重要理论基础。基于此，本节拟从社会交换理论视角出发，探索企业社会责任促使员工敬业的内在机制，以及员工-组织关系在其中的作用。海底捞作为知名的餐饮服务企业，给予员工的待遇一直为人称道，其员工对消费者无微不至的服务更是让人惊叹。是什么促使海底捞的员工全身心地投入为顾客服务的工作角色中？这与公司对内外部利益相关者的社会责任行为是否有关系？有着什么样的关系？基于对这些现实问题的思考，本节旨在通过案例研究，重点回答以下问题：海底捞是怎样承担社会责任的？员工的敬业表现如何？公司的社会责任承担对员工的敬业表现产生了哪些影响？其影响的内在机制是怎样的？

本节基于社会交换理论视角，以海底捞为研究对象，通过对公开信息的文本分析，辅以对店面经理和员工的访谈与调查，针对企业社会责任实践、员工敬业表现以及企业社会责任对员工敬业表现的影响机制这三大问题展开探索，研究结果对于引导餐饮服务企业的社会责任实践、提升企业社会责任实践的内部效果具有重要的参考价值和借鉴意义。

3.1.1 理论基础

1. 企业社会责任的内涵及其效果研究

企业社会责任这一概念最早由英国学者 Sheldon 于 1924 年提出，自 20 世纪 70 年代以后，逐渐引起重视。Carroll（1979）认为，企业社会责任是在某一个特定时期，社会对组织提出的经济、法律、道德和慈善期望，企业要想成为良好的企业公民，应承担四个方面的责任，即经济责任、法律责任、伦理责任和慈善责任，其中经济责任是基础，然后依次为法律责任、伦理责任和慈善责任。但也有学者认为企业社会责任是超越经济责任和法律责任的，如 Mcwilliams 和 Siegel（2001）认为，企业社会责任是超越企业的利益和法律规范，以推动社会发展的行为；Waldman 等（2006）提出，企业社会责任是超越公司或股东利益和法律的要求，促进社会利益提升的行为。近年来，很多学者开始从利益相关者视角解释企业社会责任的内涵，如 Barnett（2007）认为，企业社会责任是企业自愿通过分配有限的资源来提高社会福利，从而改善和维持企业与其利益相关者之间关系的行为。

近年来，国内外学者开始关注员工在企业社会责任实施过程中的作用以及企业社会责任对员工态度与行为的影响。已有研究探讨了企业社会责任对员工满意度、组织认同感、外部荣誉感和组织承诺等工作态度的影响，如 Asrar-Ul-Haq 等（2017）、马晨和周祖城（2015）实证检验了企业社会责任对员工满意度的正向作用；Glavas 和 Godwin（2013）、Farooq 等（2017）通过实证研究得出企业社会责任对员工的组织认同感有着正向影响，外部荣誉感与受尊重感在其中起到中介作用；也有研究检验了针对不同利益相关者的企业社会责任对员工的组织承诺会产生不同的影响。还有学者通过实证检验了企业社会责任对员工行为的影响，如 Rupp 等（2013）基于公平理论，验证了员工的企业社会责任感知与组织公民行为具有正相关关系；Du 等（2015）从内部营销理论和心理契约理论视角，验证了企业社会责任会提高员工的产出，并检验了员工职业发展与心理需求的中介作用；

也有学者通过实证发现企业社会责任与员工的组织公民行为有正相关关系（颜爱民和李歌，2016；Roeck and Faroop，2018）。

基于以上分析可知，企业社会责任对员工态度与行为的影响已逐渐成为研究者关注的热点问题，但是关于企业社会责任对员工-组织关系及员工敬业度的影响研究尚未引起关注，对典型企业的案例研究也有待进一步开展。

2. 员工敬业度的内涵及影响因素

员工敬业度始于 Kahn（1990）提出的个人投入（personal engagement，PE）这一概念，指的是员工在身体、认知和情感上尽力完成本职工作，将表现自我与工作角色相结合的程度。在此基础上，May 等（2014）提出员工敬业度包括认知、情感和行动三个维度，其中：认知是指员工能够认知到自己的工作角色和工作任务；情感是指员工在日常工作中情感方面的敏感性；行动是指员工在日常工作中身体方面的投入。Maslach 等（2001）则将员工敬业度概念化为三个倦怠维度（疲惫、玩世不恭和无能）的相反面，具有充满能量、投入和高效三个方面的特点。Schaufeli 等（2002）将员工敬业度定义为员工在日常工作中积极和充实的精神状态，具有活力、奉献和专注三个特点，其中：活力是指身体和情感上想要投入工作和组织中的意愿；奉献是指员工对工作和组织充满热情和自豪等感受；专注是指员工在日常工作中高度集中和专注的状态，员工会沉浸于工作之中，并且感觉时间过得很快。

已有研究发现，赋予意义、心理安全和可获得性这三种心理状态与员工敬业度紧密相关。社会交换理论解释了员工为什么会选择现有的组织并参与其中。Saks（2006）认为员工决定投入组织和工作中的程度取决于其从组织中获得资源的多少。当员工从所在组织中获得某些资源时，他们会认为自己有义务做出贡献来回报组织，因此会更加积极地投入组织和工作角色中；当员工不能在组织中得到这些资源时，就可能会脱离组织和工作角色。郝云宏等（2015）的研究发现，组织伦理氛围有助于员工感受到组织对个体利益的支持和保障，以及对自身的认可，有助于个体组织支持感的形成。同时，组织对员工的支持会使其对工作产生更高的满意度、公正感和情感信任，进而提高其敬业度以回报组织。黄昱方和钱兆慧（2014）通过研究发现，在某些工作环境下，工作中的情感体验会直接影响员工的敬业表现。

3. 企业社会责任与员工敬业度的关系

已有学者研究了企业社会责任对组织认同感（Glavas and Godwin，2013；Farooq et al.，2017；Roeck et al.，2016）、组织承诺（Brammer et al.，2007；Farooq et al.，2014；Raub，2016）、工作满意度（Wisse et al.，2018）、组织公

民行为（颜爱民和李歌，2016）等员工态度或行为的积极作用，以及对员工离职率的负向影响（Rupp et al.，2013）。韬睿咨询公司在报告中指出，企业社会责任在员工敬业度和组织声誉的驱动力榜单中排名第三，被认为是提高员工敬业度的重要因素。然而，关于企业社会责任对员工敬业度的影响机制研究尚未引起足够的重视，只有少数研究将企业社会责任与员工敬业度联系起来。例如，Mirvis（2012）定性分析了企业社会责任对员工敬业度的影响，提出企业社会责任通过交换、关系和发展三种途径来促进员工敬业度的提高；Flammer 和 Luo（2017）从战略角度，提出企业会将企业社会责任作为管理员工的策略之一来提高其敬业度，降低员工的反工作行为。但针对这方面的案例与实证研究尚未开展。

社会交换理论最早由 Blau（1965）提出，是解释企业社会责任与员工关系的重要理论基础之一。该理论指出：当一方得到另一方有形或无形的资源时，会自愿做出一定的回馈。企业的社会责任承担体现了企业对自身责任内容的认知及履行情况，并影响员工对其与组织关系的主观感受，从而评价其与组织是经济交换关系还是社会交换关系。Shore 等（2006）从信任程度、投资程度、持续时间和对关系的重视程度四个方面提出了社会交换关系和经济交换关系的区别。社会交换关系取决于信任，注重关系的投资，是长期的交换关系，更加强调员工-组织关系的情感方面；而经济交换关系则不是以信任为基础的，不太注重关系的投资，是短期的交换关系，更强调员工-组织关系的财务报酬等更切实的方面。从社会交换理论视角来看，企业承担经济和法律这些较低层次的社会责任，会使员工认为这是企业应该做的，因此在心理和行为上的回应较弱，其敬业度受到的影响不大；但企业承担伦理和慈善这些较高层次的社会责任，则会增强员工对组织的自豪感和认同感，因此会更好地将个人利益与组织利益相结合，使其与组织之间的社会交换关系得以强化，从而促进员工敬业度的提升。

4. 组织文化认同的内涵及其作用

文化是组织的一套期望系统，组织使用这一系统来为组织成员设定规范，因此被认为是企业获得和保持竞争优势的重要因素。组织文化应体现在每一位组织成员身上，只有绝大多数组织成员都认同组织文化并按照组织文化的规范行事，才能发挥其应有的作用。O'Reilly 和 Chatman（1986）认为：组织文化到底是怎样的并不重要，重要的是组织成员对其文化是否认同。组织文化认同是组织成员为了达到在组织中的地位，而努力让自己对组织文化的评价更加与其他员工靠近。国内学者陈致中和张德（2009）则将组织文化认同定义为组织成员接受组织文化所推崇的行为规范，并且不断将其内化至心灵的程度。因此，当员工对组织文化的认同度较高时，便会从心理上对企业承担社会责任的一系列举措产生较为积极的回应，使员工与组织之间的社会交换关系质量得以提升，从而促使员工更加敬业；但当员工对组织文化认同度较低时，则不会对企业承担社会责任的举措产生积极回应，因此员工与组织的社会交换关系难以得到改善，员工的敬业表现不会有明显提升。

基于以上理论分析，本节拟以海底捞为研究对象，探究企业的社会责任行为与员工敬业的表现，以及二者之间的关系，并进一步探索员工与组织的社会交换关系和组织文化认同在其中的作用机制。本节的理论框架如图3.1所示。

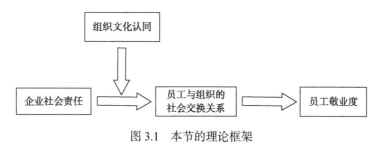

图 3.1　本节的理论框架

3.1.2　研究设计

1. 案例选择

为充分挖掘案例企业信息，获得更加深入、详细的资料，以更好地实现研究目标，本节采用单案例研究方法展开研究。由于单案例研究要求样本具有极端性和启发性，本节选取海底捞为研究对象，主要基于两个方面的原因：一方面，海底捞在承担社会责任方面表现突出，其对消费者的周到服务和对员工的福利待遇都是同行业中的典范，同时员工的服务态度、认真程度也是为人称道的，所以海底捞的社会责任承担与员工的敬业程度都具有较强的典型性；另一方面，海底捞对顾客和媒体持较为开放的态度，因此公开资料比较丰富，同时也具有访谈和调查的便利性，有利于获取与研究有关的全面资料。

本节重点使用案例研究中的列示主题和探索关系两种功能，首先以描述的形式对相关变量所涉及的主题进行列示，然后对变量之间的关系展开探索研究。具体来看，本节主要借鉴 SPS 案例研究方法，使用 NVivo 质性分析软件对案例企业的资料进行文本分析和三阶段编码，并在此基础上构建概念模型和关系模型。企业社会责任与员工敬业度是分别属于组织层面和个体层面的两个问题，因此本节采用嵌入性案例研究范式，分析单元有两个：一个是企业组织单元；另一个是员工个体单元。

2. 案例概况

海底捞于 1994 年正式成立，是一家以经营川味火锅为主，融汇各地火锅特色于一体的大型直营连锁企业。公司始终坚持"服务第一，顾客至上"的理念，坚持创新，改变传统的标准化、单一化的服务，崇尚个性化的服务，致力于为顾客提供愉快的餐饮服务；在对员工的管理上，提倡"双手改变命运"的价值观，并且切实为员工创造了公平的晋升渠道，实现了人性化的员工管理模式。海底捞的服务及其对员工的待遇一直为人乐道。成立二十多年来，公司在北京、西安、上海、天津、郑州、成都等 57 个城市有近 200 家餐厅，在台湾地区也有 2 家餐厅开业。在国外市场，已相继在新加坡、美国洛杉矶、韩国首尔和日本东京等地成立了直营餐厅。

3. 数据收集

为了提高研究的效度，本节主要采用三角测量法，从多个渠道收集资料。三角测量法强调对同一现象采用多种手段进行研究，通过多元数据的汇聚和交叉验证确认新的发现，避免由偏见造成的负面影响。本节的资料数据主要通过以下四种渠道获得：①公司内部文件，主要是海底捞的全套培训与管理体系；②公开信息和二手资料，包括海底捞的相关书籍、公司网站信息、媒体报道等；③期刊论文，主要是数据库中公开发表的论文；④对公司门店经理和员工的实地访谈。我们于 2017 年 11~12 月和 2018 年 7~8 月，分别对海底捞的两家店铺的店长和多名员工进行了访谈和调查，两次对店长的访谈时间分别为 56 分钟和 63 分钟，对员工的访谈时间分别为 121 分钟和 147 分钟。在对实地访谈、公司官网、新闻、期刊论文等多方资料进行全面分析的基础上，将这些资料进行编码，对编码得到的数据进行比较分析，直到不再产生新的信息，达到理论饱和，才停止收集资料。数据收集情况见表 3.1。

表 3.1　数据收集情况

数据来源	数据信息统计				
深度访谈	访谈时间	访谈记录字数	调研次数	访谈人数	受访者职位
	387 分钟	10.9 万字	2	7	海底捞分店店长（2）、服务员（5）
现场观察	深入观察体验海底捞服务 2 次；参观海底捞后厨 1 次				
二手资料	公司全套培训与管理体系；公司相关新闻报道；《海底捞你学不会》《海底捞的经营哲学》等书籍；期刊论文；公司员工手册等				

4. 数据编码

本节的编码工作主要由两位研究生和导师团队一起完成，首先由两名研究生作为资料编码者，分别对收集到的资料进行三个阶段的编码。每一阶段编码完成后，两人对编码结果进行一致性比较，并将比较结果与导师团队进行讨论，再对编码进行调整和完善，以保证编码的客观性和科学性。运用 NVivo 软件对案例企业的相关资料进行三阶段编码分析，数据编码过程如图 3.2 所示。通过开放式编码、主轴式编码和选择式编码三个阶段的编码过程，得到了不同的范畴和研究结果，最终得到三个阶段的编码结果。

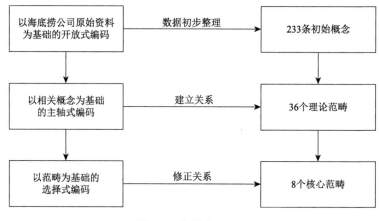

图 3.2　数据编码过程

（1）开放式编码：通过对海底捞原始资料进行初步编码，最终得到233条初始概念。

（2）主轴式编码：通过对公司原始资料以及开放式编码得到的编码条目进行讨论分析，将开放式编码整合为包含相关联内容的主轴式编码，最终得到36个理论范畴。

（3）选择式编码：通过对主轴式编码得到的编码条目与相关文献的分析和比对研究，最终提炼出 8 个核心范畴。

3.1.3　案例分析

1. 企业社会责任的结构及内涵

以 Carroll（1979）提出的经济、法律、伦理和慈善四个层面的企业社会责任金字塔模型为基础，围绕海底捞的企业社会责任实践活动，对收集到的资料进行编码分析。通过分析发现海底捞在经济、法律、伦理和慈善方面展现了较丰富的社会责任实践，分别表现为以顾客为中心的双赢策略、自觉遵纪守法、公平优待员工和主动关爱社会四个方面，特别是在伦理与慈善等高层次的社会责任承担上表现更为突出，即公平优待员工和主动关爱社会。关于海底捞的企业社会责任主要编码结果见表 3.2。

表 3.2　海底捞的企业社会责任编码结果

维度	范畴	开放式编码
以顾客为中心的双赢策略	产品安全发生问题时，及时承担责任，解决问题	关停问题店面；聘请公司除鼠；所有店面进行排查；企业管理层承担所有责任
	将顾客的利益放到第一位	将顾客放在上帝的位置
	提供令顾客满意、放心的食品	食品很新鲜；非常注重食品的品质问题；以提供给顾客安全的食品为最基本的服务；在后厨事件之前，已自查出很多问题；市场定位是让顾客吃得放心、吃得开心；食品经济实惠
	重视顾客的意见	非常重视到店的每一位客人的意见
自觉遵纪守法	经营活动服从法律法规	发生产品安全事件后，涉事门店服从法律法规进行整改
	积极配合政府的工作	主动积极配合政府的监管调查；主动向政府主管机关汇报
公平优待员工	成立工会	让最优秀的人加入工会中，工会是公司最优秀的组织
	对员工信守承诺	公司对员工讲信用
	公平地制定与员工有关的管理制度	公平对待每一位员工；员工的薪酬结构的设定非常精细，使激励更加精准；让员工能够靠双手改变命运；公司要求员工与顾客交朋友；KPI 并非越细越好
	提供丰厚的工资与福利	给予优秀员工股权；给员工离职补偿；给员工提供丰厚的奖金；提供丰厚工资；提供令人满意的假期
	提供给员工充足的晋升渠道	员工有多种晋升渠道
	提供给员工良好的生活环境	为员工提供夫妻房；为员工宿舍提供星级酒店服务；拥有专门照顾员工生活的宿舍长
	尊重员工	给员工提供精神上的关怀；将员工的主观能动性发挥到极致；每个员工都是管理者；普通员工的地位在企业中很高；尊重员工
主动关爱社会	把员工当成家人	及时解决员工的实际困难；培训员工基本的生活常识；为员工提供的住宿环境很好，交通方便
	帮忙照顾员工的家人	给领班以上干部的父母，每月直接发几百元补助；每年组织优秀员工家长去海南旅游；在四川简阳创建寄宿学校，公司员工的孩子在那里就读
	对员工充分授权	给予公司不同岗位的领导一定的签字权；普通员工有给客人打折和免单的权利
	与顾客建立长期、稳定、相互信任的密切关系	对顾客的信任，也换来了顾客再次光临的机会
	经常为员工提供培训机会	为员工制定职业生涯规划；资助员工参加 MBA 课程；创建海底捞大学
	让员工充分享受企业发展成果	让员工充分享受到企业改革和规模经营的成果
	提供无人能比的服务	差异化服务；额外服务；服务热情；服务细致；形成个性化的服务特色
	注重为顾客创新产品和服务	食品很具特色；注重对顾客的服务创新
	对员工宽容	当员工犯了错误时，鼓励和安慰他；当发生后厨安全事件后，没有将责任推卸给员工，而是由管理层自己承担
	重视慈善事业	支持对贫困山区失学儿童的救助工作，参与并投资义卖活动

注：KPI：key performance indicator，关键绩效指标

1）以顾客为中心的双赢策略

经济责任是企业的首要社会责任。企业是社会的基本经济单位，有责任生产社会所需的商品和服务，并以营利的方式出售，且其销售的商品和服务必须具有可靠性。通过对海底捞原始资料的编码，剖析企业在经济责任承担方面的实际做法，发现海底捞将顾客利益放在第一位，竭尽所能为顾客服务，顾客越满意，对公司的忠诚度也就越高，故将之概括为"以顾客为中心的双赢策略"。

2）自觉遵纪守法

法律责任体现着企业对"社会契约"的部分实现。社会要制定企业运作的基本规则——法律法规，以此期望企业在法律法规要求框架内履行其经济使命。通过对海底捞的企业社会责任实践进行分析，得出公司在法律责任的承担上主要表现为两个方面：一是自觉配合政府的工作，积极主动配合政府的监管调查；二是经营活动服从法律法规，企业的日常经营活动按照法律法规进行，在发现问题时，依法进行整改，将之概括为"自觉遵纪守法"。

3）公平优待员工

伦理责任是指除了经济责任和法律责任之外，还有其他行为和活动不一定被编入法律，但仍然是社会成员期望的事务。通过对海底捞的伦理责任实践进行编码，得出 7 个理论范畴，分别为：成立工会；对员工信守承诺；公平地制定与员工有关的管理制度；提供丰厚的工资与福利；提供给员工充足的晋升渠道；提供给员工良好的生活环境；尊重员工。在此基础上，进一步剖析海底捞在伦理责任承担方面的典型实践，发现海底捞为组织的伦理责任赋予了新的内涵，将之概括为"公平优待员工"。

4）主动关爱社会

慈善责任是指社会期望以外的纯粹自愿的活动，不是法律所要求的，即使企业没有参与到这些活动中，也不会被认为是不道德的。通过对海底捞的慈善责任实践进行编码，得出 10 个理论范畴，分别为：把员工当成家人；帮忙照顾员工的家人；对员工充分授权；与顾客建立长期、稳定、相互信任的密切关系；经常为员工提供培训机会；让员工充分享受企业发展成果；提供无人能比的服务；注重为顾客创新产品和服务；对员工宽容；重视慈善事业。在此基础上，进一步剖析海底捞在慈善责任承担方面的典型实践，发现海底捞为组织的慈善责任赋予了新的内涵，将之概括为"主动关爱社会"。

通过对海底捞原始资料的编码以及对典型实践的进一步剖析，可以看出：公司非常重视伦理与慈善责任的承担，特别是对于员工及家属承担的伦理和慈善责任，这在以往研究中提及较少，因此本章在一定程度上拓展了企业社会责任的研究内容，特别是为企业的伦理与慈善责任增加了新的内涵。

2. 员工敬业度的结构及内涵

员工敬业度是员工在情感上认同和投入其所做工作和所在组织的程度，是组织在提供给员工满意的环境的基础上，使每个员工对其所在的组织产生归属感和"主人翁的责任感"。

通过对海底捞员工的工作状态进行编码分析，发现敬业的员工不仅只是表现出认真工作的精神状态，还会付诸实际行动，并会高效完成自己的工作。因此，本章在 Schaufeli 等（2002）提出的活力、奉献、专注三个维度的基础上，增加了高效这一新维度，发现海底捞员工的敬业度体现为热情主动、耐劳负责、细致用心和娴熟高效四个维度。海底捞员工敬业度的编码结果见表 3.3。

表 3.3　海底捞员工敬业度的编码结果

维度	范畴	开放式编码
热情主动	员工有动力与热情	服务员朝气蓬勃；服务员对待顾客很热情
	员工与顾客积极互动	鼓励每位员工都积极与顾客互动，多和顾客接触，多聊天
	努力工作	每天拼命干活；服务员小跑送菜；服务员小伙子个个脚步轻盈，健步如飞
耐劳负责	对公司有强烈的归属感	想病快点好，好好干活儿，报答海底捞
	有责任感	思想与时俱进，有很强的岗位意识；恪守职责，扎实做好本职工作
	竭力维护公司利益	店经理面对闹事的顾客，努力追回损失；称将公司当作生命中的一部分，与她分不开了；在遇到恶霸时，第一时间拼命维护店不被砸
	吃苦耐劳	工作量巨大，仍然尽力完成
细致用心	服务体贴细致	送外卖的服务为顾客准备得非常细致；经常会做一些额外的服务
	尽力解决顾客的每一个问题	为带婴儿的顾客提供婴儿床
	员工对顾客的观察细致入微	店长自己开车送顾客赶火车；送风油精给被蚊子咬了很多包的顾客
	用心为顾客服务	用心关注每一位顾客的饮食习惯；当顾客点菜过多时，会提醒顾客减少分量
娴熟高效	高效高质完成工作	服从领导调遣；高效高质完成领导安排的每项工作
	业务熟练	服务员擦桌子非常迅速；服务员健步如飞

由表 3.3 可见，员工的活力主要包括员工有动力与热情、员工与顾客积极互动及努力工作三个理论范畴，概括为"热情主动"。员工的奉献主要包括对公司有强烈的归属感、有责任感、竭力维护公司利益和吃苦耐劳四个理论范畴，概括为"耐劳负责"。员工的专注主要有服务体贴细致、尽力解决顾客的每一个问题、员工对顾客的观察细致入微和用心为顾客服务四个理论范畴，概括为"细致用心"。员工敬业度在高效方面的表现主要包括高效高质完成工作和业务熟练两个理论范畴，概括为"娴熟高效"。

3. 企业社会责任对员工敬业度的影响路径

基于前述编码结果，本节进一步对海底捞的原始文本资料与访谈结果进行编码与核心关系分析，以探索企业社会责任与员工敬业度的关系及其影响机制。

1）企业社会责任对员工敬业度的影响

通过对核心关系的编码，剖析海底捞的企业社会责任对员工敬业度的影响路径，主要结果见表 3.4。

表 3.4　企业社会责任对员工敬业度的影响路径编码

核心关系	编码
主动关爱社会→热情主动	公司组织公司内员工捐钱给受灾员工，接受捐赠的员工之后则每天拼命工作
主动关爱社会→细致用心	员工得到充分的授权，员工在服务顾客时会更加注意利用自己的力量来使顾客满意
	公司将员工当成家人一样对待，员工专注于为顾客服务
主动关爱社会→耐劳负责	公司将员工当成家人一样对待，员工便会极力维护企业的利益
主动关爱社会→娴熟高效	公司将员工当成家人一样对待，员工则在日常工作中自觉使用一些省钱又有效的小方法
公平优待员工→热情主动	公司像对待亲人一样对待员工，员工则想要好好干活儿来报答公司
	公司通过鼓励员工来提高员工的自信心和工作激情，保证工作质量，促进工作的顺利完成
公平优待员工→细致用心	公司平时注重对员工进行培训，这使员工在服务顾客时更加专注与专业
公平优待员工→耐劳负责	公司对员工的政策非常公平，这让员工非常有干劲儿
公平优待员工→娴熟高效	公司的老员工言传身教，员工也就能更加高效高质地完成工作

由编码分析结果可以看出：企业对社会责任的承担会促使员工更敬业，主要体现为公平优待员工（伦理责任）与主动关爱社会（慈善责任）这两个高层次的社会责任对员工敬业度的影响更加明显。然而，由于经济责任和法律责任是每一个企业必须承担的责任，员工对此感受并不深刻或者不甚了解，故心理与行为并未受到太大的影响。现实中，也有很多具体案例都体现出了企业的伦理责任与慈善责任承担在一定程度上促进了员工敬业度的提高。

典型事例一：某员工因为生病打完吊瓶后很晚才回宿舍，天气很冷，宿舍管理员彭妈双手冰凉仍然在宿舍门口等着他回来。该员工当时心里特别感动，但又不知道要说些什么，就是想赶快把病养好，然后好好工作来报答彭妈和公司。

典型事例二：员工杨小丽刚被派到西安店当店长时，公司就将西安店大部分事务的决策权交给了杨小丽，给了杨小丽充分的权力。基于这份信任，杨小丽晚上说的梦话都是"姐姐，我们这里新开了一家四川火锅店，叫海底捞，请来尝尝吧"。

2）员工-组织社会交换关系的触发作用

通过对资料的进一步编码与深入分析，发现海底捞对伦理责任与慈善责任等高层次社会责任的承担会首先促进员工与组织的社会交换关系，进而提升员工的敬业度。具体而言，高层次的企业社会责任主要通过组织信任、关系投资、长期导向及情感纽带来促进员工敬业度的提升，主要编码结果见表 3.5。由编码结果可知：企业主动关爱社会这一慈善责任的承担通过社会交换关系对员工敬业度产生的影响最大，公平优待员工这一伦理责任的承担通过社会交换关系对员工敬业度产生的影响次之，而以顾客为中心的双赢策略（经济责任）和自觉遵纪守法（法律责任）这两个维度则不会通过社会交换关系来影响员工的敬业度。

表 3.5　员工-组织社会交换关系的触发作用编码

核心关系	编码
主动关爱社会→关系投资→热情主动	公司组织员工捐钱给受灾员工，接受捐赠之后员工更努力地工作
主动关爱社会→情感纽带→热情主动	公司为所有员工创造了一种"家"的企业氛围，增强了归属感和组织荣誉感，使得他们发自内心地快乐工作
主动关爱社会→关系投资→耐劳负责	公司帮困难员工还债，员工则把公司当家，并会竭力维护公司的利益
主动关爱社会→情感纽带→耐劳负责	公司让那些背井离乡的员工感受到了家的温暖，员工自然把公司当成自己的第二个家，这让员工更加尽心尽力地为其服务和工作
主动关爱社会→情感纽带→耐劳负责	公司把员工视为兄弟姐妹，员工自然把公司当作心肝来呵护
主动关爱社会→组织信任→耐劳负责	公司信任员工并充分地授权给他们，这样员工就看到了自己的希望，并且把这种希望和公司未来发展紧紧地联系在一起，从而更加努力工作，为公司做出更大的贡献
主动关爱社会→组织信任→细致用心	公司对员工充分授权，使员工对公司更加具有责任感，员工做梦都会梦到工作
主动关爱社会→关系投资→娴熟高效	公司向受灾的员工提供帮助，使员工将公司当成自己的家，尽自己最大的努力完成本职工作
公平优待员工→组织信任→热情主动	公司让员工真正实现"通过双手改变命运"，这使员工工作更加有干劲
公平优待员工→情感纽带→热情主动	公司的宿舍长们让那些背井离乡的员工感受到了家的温暖，促使员工更加尽心尽力地为其服务和工作
公平优待员工→组织信任→耐劳负责	公司非常公平，只要做得好就有机会得到提升，因此员工在工作中越来越有干劲
公平优待员工→组织信任→细致用心	提供给员工良好的生活环境，让员工对公司更加信任，并且在工作中更加专注
公平优待员工→长期导向→娴熟高效	公司从来不用"空降兵"，所有的店长都是从店里的普通员工一步步成长起来的，这让那些文化程度不高但有干劲的员工有了希望和动力，并会努力提高自己的能力，把工作干好

在企业实践中，有很多典型案例都体现了公平优待员工（伦理责任）与主动关爱社会（慈善责任）这两个高层次的社会责任会通过社会交换关系的触发作用来促进员工敬业度的提升。

典型事例三：现任海底捞总部总经理的杨小丽在刚进入公司时，欠了很多债，董事长张勇帮助其还债。从此以后，杨小丽便把公司当家，不允许任何人损害公司的利益。可见，公司对员工负责，员工就会把公司当成自己的家，与公司形成良好的社会交换关系，更加敬业，甚至拼命去维护公司的利益。

典型事例四：一位四川的员工说："汶川地震时，店里组织员工为灾区捐款，当时一共募集到 5 000 多元钱。店里决定把募集到的钱捐给家乡受灾最严重而工作又比较优秀的员工，最后选定了我。当公司把钱送到我手里时，我真的特别激动。从此之后，我总在想怎样才能报答公司的恩情，于是，每天在店里都会拼命工作。"

典型事例五：北京某店的一位员工说："在已经加入海底捞工作的哥哥影响下，我也来到这儿工作。第一天来报到时，一位员工看到我来到店里以后，便给我端来一碗热豆浆，当时我心里觉得好温暖。后来在公司的一些经历让我明白了，海底捞是我们这些背井离乡打工者的第二个家。因为员工都把公司当成自己的家，自然不会偷懒，并且还要努力将工作做好。"

典型事例六：天津某店的一位员工在访谈中谈到，公司对员工、家人和顾客等群体的一系列负责任的做法和福利待遇，让她更加信任公司，并且想要在公司长久地干下去。

3）组织文化认同的调节效应

如果一个人强烈认同一个组织，那么他的情感和归属需要就会得到更多的满足，因此也会对工作更加满意。通过对实地访谈资料的分析，发现员工对公司文化的高度认同对企业社会责任的实践效果具有一定的调节效应。当员工对组织文化的认同度较高时，企业的社会责任承担能够给员工的心理与行为带来更为积极的影响，提升员工与组织之间的社会交换关系质量，从而使员工更加敬业；而当员工对组织文化的认同度较低时，企业的社会责任承担则不能给员工带来太大的影响，员工与组织之间的社会交换关系便不能得到促进，因此员工的敬业表现也不会有太大变化。

典型事例七：某店经理提到，自己之所以能够做到店长的职位并想要继续在海底捞工作下去，是因为公司积极承担包括对消费者、员工和社会等各方面的责任，这些行动所体现出的组织文化是她非常认同的。公司对员工的福利非常让人感动，不仅提供给员工优越的住宿条件，还成立了专门的灾害基金来帮助受灾家庭；并且为了鼓励员工多做好事，会对见义勇为的员工进行表彰；最重要的一点是，公司提供给每一位员工公平的晋升机会，真正让员工感受到"双手可以改变命运"。

典型事例八：某店经理提到，并不是所有人都能够深刻理解并认同公司文化，有些员工来到海底捞工作或许是因为工资比较高，在乎的是短期利益。他们对公司的组织文化并没有很强的认同感，对企业的社会责任承担也不敏感，因此这一部分人也很难成为公司的骨干或经理，也往往更容易离职。

3.2　企业社会责任对员工感知雇佣关系及敬业度的影响：一个跨层次模型

随着经济的不断发展，很多企业都意识到了人才的竞争在企业之间的竞争中越来越重要，如何更好地提高企业中人才的竞争力是企业目前非常重视的问题。如今，企业的发展方式更加趋向于知识密集型，员工的知识和能力的充分发挥是非常重要的，员工在工作中的积极情感、态度和行为更容易为企业带来利益，另外，新生代员工已成为我国社会发展中的主力军，他们大多属于独生子女，他们的成长环境比较优越，具有缺乏团队合作意识、内心较脆弱等特点。因此，提高我国员工的敬业度，尤其是新生代员工的敬业度是当前必须解决的一个课题。盖洛普、翰威特等咨询公司研究发现，员工敬业度是能够预测组织的绩效的一个指标，而且大量实证研究证实，敬业的员工工作绩效比较高，能够为组织带来持续竞争优势（黄昱方和钱兆慧，2014）。如果公司的员工具有比较高的敬业度，那么该公司员工就会高度认同公司的文化价值观和发展理念，从而更加积极主动地为公司做出贡献（卞倩雯，2016）。鉴于此，继续探索提高员工敬业度的途径有重要的理论和实践意义。

随着社会对企业社会责任问题的日益重视，消费者、投资者、供应商和员工对企业承担社会责任的诉求不断增加，企业的决策者面临着如何管理这些活动并均衡分配有限资源等问题。因此，包括环境责任、可持续发展、利益相关者管理及组织行为与人力资源管理在内的企业社会责任相关问题研究产生了很强的组织和社会需求，而管理者也越来越关注如何制定相关的政策，将企业社会责任与人力资源管理实践和员工主动性结合起来（Morgeson et al., 2013）。已有学者研究了企业社会责任对员工的组织认同感、组织承诺、组织公民行为等工作态度及行为的影响。但是，鲜有研究具体探究针对不同利益相关者的企业社会责任对员工态度及行为的不同影响路径。因此，本节拟探究针对不同利益相关者的企业社会责任对员工敬业度的不同影响路径。

员工作为组织的重要资源之一，如何构建和谐的员工-组织关系一直是学术界及企业所关注的问题。员工-组织关系也是员工工作状态的重要影响因素之一。因此，本章拟探讨员工-组织关系，即雇佣关系在员工敬业度形成过程中的作用。雇佣关系的研究大都是基于社会交换理论展开的，目前在雇佣关系研究领域广为认可的两个主要研究理论和视角都是基于该理论，分别是从雇主视角出发的诱因——贡献理论和从员工视角出发的心理契约理论。Tsui 等（1997）和Rousseau（1990）分别从雇主角度和员工角度研究了雇佣关系，其中，Rousseau（1990）认为雇佣关系是对正式合同的细化和扩展，是指员工与组织在互动交流的过程中，对企业承担关于员工的责任情况的主观感受，是员工对于组织责任的一种主观认识和期望。企业是否积极承担对于员工及员工以外的利益相关者的责任，体现了组织对自身责任的履行情况，这一定会影响员工对于组织责任的主观认识，也一定会影响员工对组织责任的主观期望。基于此，本节拟研究企业社会责任是否会通过影响员工感知的雇佣关系，从而影响员工的敬业度。另外，由于领导对员工产生的涓滴效应，员工感知雇佣关系的形成过程一定也会受到领导的影响。因此，本章拟探究领导风格在企业社会责任对员工感知雇佣关系产生影响的过程中的作用。

3.2.1　理论基础与研究假设

1. 企业社会责任与员工敬业度

企业社会责任是指企业通过分配有限的资源来改善社会福利，自愿改善和维持企业与利益相关者之间的关系的行为（Barnett，2007）。已有研究发现，企业社会责任对组织认同感（Farooq et al.，2017）、工作满意度（付非和赵迎欢，2017）、建言行为（颜爱民等，2017）、离职率（Thomas et al.，2019）和反生产行为（王哲和张爱卿，2019）等员工态度与行为具有影响。员工敬业度指的是员工在身体、认知和情感上努力完成工作，并将个人表现与工作角色结合起来的程度（Kahn，1990）。已有学者对企业社会责任与员工敬业度的关系进行了研究，如 Flammer 和 Luo（2017）基于战略的观点认为，作为管理员工的方式之一，企业社会责任也可以削弱员工的反生产行为，同时提高其敬业度；马苓等（2020）通过对海底捞进行典型案例分析后发现企业社会责任可以促进员工敬业度的提升；Rupp 等（2018）基于自我决定理论，通过实证研究发现当员工感受到对企业社会责任事务具有较高的自治权时，企业社会责任对员工敬业度的促进作用更加显著；类似地，姜友文和张爱卿（2015）基于社会交换理论，通过实证检验发现企业社会责任可以通过心理意义感和心理安全感的中介作用对员工的工作敬业度产生正向影响；Duthler 和 Dhanesh（2018）则发现员工感知的企业社会责任可以中介企业社会责任内部沟通对员工敬业度的正向影响。然而，现有研究并未涉及企业社会责任对员工敬业度的跨层次影响，且未将组织敬业度考虑在内。事实上，从社会交换理论视角来看，企业积极履行对不同利益相关者的社会责任，将会使各利益相关方在不同程度上受益。作为企业最重要的利益相关者，员工在感受到组织的社会责任的时候，会更积极地参与和努力工作，从而与组织保持平衡和互惠的交流关系。基于此，从跨层次的角度提出以下假设。

$H_{3.1}$：企业社会责任显著正向影响员工敬业度。

2. 员工感知雇佣关系的中介效应

社会交换理论认为，当一方从另一方获得有形或无形的资源时，就会有回报的意愿（Blau，1965）。心理契约是一种无形的契约，它会在企业与员工之间产生相互之间的默许。若企业积极地履行社会责任，员工才能主动履行心理契约，从而更愿意在企业中做好自己职责内的工作。

1）企业社会责任对员工感知雇佣关系的影响

从员工角度来看，雇佣关系是员工与组织间的心理契约，是员工对组织责任的内容和履行结果的一种主观感受（徐云飞等，2017）。这种员工感知雇佣关系分为社会交换关系和经济交换关系两个维度，前者取决于信任，是长期的交换关系，比较重视雇佣关系的情感方面；后者不是建立在信任的基础上，而是建立在短期、离散的交换关系之上，关注更具体的方面，如报酬（Shore et al.，2006）。企业是否积极履行社会责任会影响到员工对其与组织之间关系的感知和判断。一方面，企业积极承担针对内部利益相关者的责任，为员工提供薪水和福利的同时，还能满足员工的职业发展和公平等需求，使员工的社会交换关系感知有所加强，而经济交换关系感知相对减弱；另一方面，企业积极承担针对外部利益相关者的社会责任，有利于提升员工对组织的自豪感和认同感，增强员工对组织的信任感，从而促进员工的社会交换关系感知，也会使得员工对只强调短期财务报酬的经济交换关系感知有所减弱。因此，从跨层次的角度提出以下假设。

$H_{3.2}$：企业社会责任显著负向影响员工的经济交换关系感知。

$H_{3.3}$：企业社会责任显著正向影响员工的社会交换关系感知。

2）员工感知雇佣关系对员工敬业度的影响

基于社会交换理论，员工对雇佣关系的感知会影响其回报企业及投入工作角色的程度，进而影响其敬业度。如果员工与组织经济交换水平较高的话，一般不愿在组织中发展长期成员身份，而更倾向于保持"轻松退出组织"的态度（Shore et al.，2006），只关注于自己的分内工作是否能完成，对组织的归属感较弱，不会全身心地投入组织和工作中，员工便会以最小的绩效贡献和与组织之间较弱的心理交往来回应（Song et al.，2009）。如果员工感知到自身与组织是社会交换关系，员工会更加倾向与组织建立长期的情感联系，在完成分内工作的基础上，投入更多的精力，产生较强的归属感，会以坚定的承诺和高水平的角色内外绩效来回应，其敬业度会有所提升。因此，提出以下假设。

$H_{3.4}$：经济交换关系感知负向影响员工敬业度。

$H_{3.5}$：社会交换关系感知正向影响员工敬业度。

3）员工感知雇佣关系在企业社会责任与员工敬业度之间的中介作用

关于雇佣关系对企业社会责任实践效果的影响研究已经引起研究者的重视，但从员工感知的视角出发的研究还比较少。有学者在中国情境下探究了员工-组织关系模式会影响员工感知雇佣关系，进而影响员工的情感承诺和任务绩效（Song et al.，2009）；还有学者从员工感知雇佣关系出发，实证检验了团队层面的雇佣关系对团队创造力的影响（Jia et al.，2014）。在对员工敬业度的影响方面，席猛等（2018）基于社会交换理论，验证了企业雇佣关系模式能够显著地正向影响员工的敬业度。基于以上分析和假设 $H_{3.2}$~$H_{3.5}$，提出以下假设。

$H_{3.6}$：经济交换关系感知中介企业社会责任与员工敬业度之间的关系。

$H_{3.7}$：社会交换关系感知中介企业社会责任与员工敬业度之间的关系。

$H_{3.8}$：两种交换关系感知双重中介企业社会责任与员工敬业度之间的关系。

3. 真实型领导在企业社会责任与员工感知雇佣关系之间的调节作用

真实型领导是一种常见的领导风格，它通过利用和促进积极的心理能力和伦理氛围来提高自身的自我认知能力、处理信息能力和与员工和谐相处能力，从而来促进员工与自身的相互发展（Walumbwa et al.，2008）。具备这种领导风格的管理者通常具有较高的道德标准和坚持的信念原则，致力于与员工建立亲密的人际关系，并且通过公开透明的方式传递自己的价值观（张燕红和廖建桥，2015）。企业社会责任通常被认为是企业出于回馈社会、饮水思源而从事的超越法律和经济义务的活动，反映了企业强烈的服务社会、回馈社会的社会意识和伦理动机（刘柏和卢家锐，2018）。根据线索一致理论，当企业积极主动承担社会责任时，员工会依靠多个语境线索，评估其一致性，使组织环境更为有意义，并相应调整其态度和行为（Slovic，1966）。当源于企业社会责任和真实型领导的情境线索保持一致时，企业社会责任对员工社会交换关系感知的正向促进作用会增强。另外，由于经济交换中员工得到的组织回报仅仅是短期、经济性的回报，并不涉及情感因素（Shore et al.，2006），故当拥有真实型领导的企业承担社会责任时，这二者的线索一致性会使得员工对组织的经济交换关系感知进一步减弱。基于此，提出以下假设。

$H_{3.9}$：真实型领导正向调节企业社会责任与经济交换关系感知之间的关系。

$H_{3.10}$：真实型领导正向调节企业社会责任与社会交换关系感知之间的关系。

基于以上理论分析，提出本节的研究假设模型，如图3.3所示。

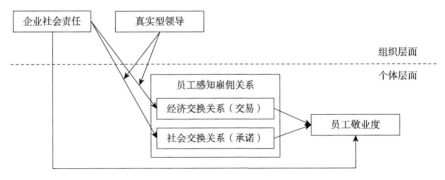

图 3.3　本节的研究假设模型

3.2.2　研究方法

1. 研究样本

本节以企业高层管理者和基层员工为调研对象，通过现场和邮寄两种形式回收问卷。在数据收集的过程中，首先向每一个企业的高层管理者发放问卷，再向该企业发放 10 份由员工填写的问卷，最终回收到了 86 家企业的高层管理者和 781 名员工的问卷。对回收的数据进行了描述性统计分析，调查样本的基本情况如下。组织层面：101~500 人的企业居多，占 37.21%；民营或私营企业居多，占 59.30%；制造业企业居多，占 37.21%。员工层面：在性别上，男性占 52.88%，女性占 47.12%；在年龄上，30 岁以下占 34.31%，31~35 岁占 35.86%，其他的占 29.83%；在受教育程度方面，全日制本科毕业居多，占 46.10%；在月收入方面，收入为 3 000~4 999 元的员工居多，占 32.91%。

2. 变量测量

企业社会责任和真实型领导以企业高层管理者为研究对象，员工感知雇佣关系和员工敬业度以企业内部的基层员工为调查对象。调查量表采用利克特 7 点式量表，分为完全不符合、基本不符合、有点不符合、一般、有点符合、基本符合、完全符合，分别对应 1~7 分。

企业社会责任：本节主要参考由 Turker（2009）开发的企业社会责任量表，共 17 个题项，如 "公司为促进社会福祉的活动和项目做出了贡献" 等。

员工敬业度：本节对员工敬业度的测量采用的是 Saks（2006）开发的量表，共 12 个题项，如 "有时候我对工作太投入以至于都忘记了时间" 等。

员工感知雇佣关系：该变量的测量采用 Shore 等（2006）开发的员工感知雇佣关系量表，共 16 个题项，其中，对经济交换关系的测量包括 "我与组织的关系完全是经济关系，我为组织工作，组织付我工资"等；对社会交换关系的测量包括"我与组织的关系基于相互信任"等。

真实型领导：该变量的测量采用 Walumbwa 等（2008）开发的量表，共 16 个题项，如"根据高标准的道德守则做出艰难决策"等。

控制变量：本节选取了企业和个体两个层面的控制变量：①企业层面，包括企业所属行业和企业类型；②个体层面，包括年龄、受教育程度、月收入和工作年限。

3.2.3　数据分析与结果

1. 区分效度

运用 SPSS 对量表进行信度检验，结果表明：企业社会责任、员工敬业度、经济交换关系、社会交换关系和真实型领导量表的 Cronbach's α 值分别为 0.959、0.906、0.889、0.855、0.961，均高于 0.8，具有良好的信度。采用 Mplus 软件对相关量表进行验证性因子分析，结果见表 3.6。可见，组织层面二因子模型拟合度最好，个体层面三因子模型拟合度最理想，本节的区分效度较好。

表 3.6　验证性因子分析结果

层面	模型	所含因素	χ^2	df	RMSEA	CFI	TLI	SRMR
组织层面	模型 1	$C_s + A_1$	38.382	18	0.141	0.941	0.908	0.054
	模型 2	C_s、A_1	20.761	17	0.062	0.989	0.982	0.040
个体层面	模型 1	$E_{E1}+E_{E2}+S_E$	4 056.561	324	0.147	0.486	0.443	0.145
	模型 2	E_{E1}、$E_{E2}+S_E$	3 069.761	323	0.127	0.672	0.589	0.156
	模型 3	E_{E2}、$E_{E1}+S_E$	2 188.080	323	0.104	0.743	0.721	0.081
	模型 4	S_E、$E_{E2}+E_{E1}$	3 529.994	323	0.137	0.558	0.520	0.081
	模型 5	S_E、E_{E2}、E_{E1}	909.435	308	0.061	0.917	0.906	0.059

注：C_s 代表企业社会责任，A_1 代表真实型领导，E_{E1} 代表员工敬业度，E_{E2} 代表经济交换关系，S_E 代表社会交换关系

2. 描述性统计分析

本节所有研究变量的均值、标准差与相关系数情况见表 3.7。可见，在个体层面上，经济交换关系感知与员工敬业度显著负相关（$r=-0.234$，$p<0.01$）；社会交换关系感知与员工敬业度显著正相关（$r=0.571$，$p<0.01$）。在组织层面上，企业社会责任与真实型领导显著正相关（$r=0.736$，$p<0.01$）。

表 3.7　变量的均值、标准差与相关系数

变量	均值	标准差	1	2	3	4	5	6
个体层面								
1. 年龄	2.132	1.143						
2. 受教育程度	2.484	0.943	−0.114**					
3. 工作年限	1.992	1.014	0.412**	−0.060				
4. 月收入	3.001	1.355	0.182**	0.442**	0.075*			
5. 经济交换关系感知	2.792	1.539	−0.082**	0.104**	0.009	0.037		
6. 社会交换关系感知	5.281	1.046	0.023	0.013	−0.040	−0.071*	−0.168**	
7. 员工敬业度	5.253	1.301	−0.005	0.023	0.080*	0.060	−0.234**	0.571**
组织层面								
1. 企业规模	3.452	1.655						
2. 企业行业	2.934	1.672	−0.154					
3. 企业类型	2.283	0.940	−0.496**	−0.154				
4. 企业社会责任	6.182	0.804	0.280*	−0.266*	0.174			
5. 真实型领导	6.221	0.791	0.081	−0.254	0.159	0.736**		

**表示 $p < 0.01$，*表示 $p < 0.05$

3. 主效应检验

本节运用多层线性模型（hierarchical linear model，HLM）来验证企业社会责任对员工敬业度的假设。首先，运用 HLM 来检验假设之前，需要对其进行零模型检验，以计算组内相关系数 ICC（1）来确认是否有必要进行多层级分析。然后，使用 HLM 估计员工敬业度的零模型得到分析结果如下：$\delta^2=1.136$，$\tau_{00}=0.212$，组间方差显著［χ^2（85）=225.030，$p<0.001$］，组内方差 ICC（1）=0.157>0.06，因此有必要进行多层级分析。分析结果如表 3.8 所示，企业社会责任对员工敬业度的正向作用显著（$\beta=0.437$，$p<0.001$），$H_{3.1}$ 得到验证。

表 3.8　企业社会责任对员工敬业度的直接作用检验

变量		员工敬业度		
		零模型	模型1	模型2
层次2	截距项	5.306***（0.063）	4.823***（0.282）	2.592***（0.438）
	企业规模		0.052（0.045）	−0.037（0.030）

续表

变量		员工敬业度		
		零模型	模型1	模型2
层次2	企业社会责任			0.437^{***} （0.056）
层次1	年龄		-0.081^* （0.038）	-0.114^{**} （0.033）
	受教育程度		0.126^+ （0.066）	0.098^+ （0.056）
	工作年限		0.126^* （0.049）	0.126^{**} （0.046）
	月收入		-0.027 （0.037）	0.028 （0.034）
	δ^2	1.136	1.114	1.105
	τ_{00}	0.212	0.224	0.056
	R^2	ICC（1）=15.7%		
	χ^2（df）截距	225.030^{***}	231.696^{***}	119.107^{**}
	模型差异	2 402.495	2 407.31	2 352.434

***表示 $p<0.001$，**表示 $p<0.01$，*表示 $p<0.05$，+表示 $p<0.1$

4. 中介效应检验

1）经济交换关系感知在企业社会责任和员工敬业度之间的中介作用检验

运用 HLM 检验企业社会责任对经济交换关系感知的跨层次影响，得到企业社会责任显著负向影响经济交换关系感知（$\beta=-0.271$，$p<0.05$），$H_{3.2}$ 得到验证。运用 HLM 检验企业社会责任和经济交换感知对员工敬业度的影响，多层次回归结果如表 3.9 所示。由模型 3 可知，经济交换关系感知显著负向影响员工敬业度（$\beta=-0.228$，$p<0.001$），$H_{3.4}$ 得到验证。由模型 4 可知，经济交换关系感知中介企业社会责任与员工敬业度之间的关系。相比于模型 2，模型 4 在加入经济交换关系感知这一变量之后，企业社会责任对员工敬业度的回归系数从 0.437 降到了 0.400，但仍然显著。所以，经济交换关系感知部分中介企业社会责任与员工敬业度之间的关系，$H_{3.6}$ 得到验证。

表3.9　企业社会责任和经济交换关系感知对员工敬业度的多层次回归结果

变量		员工敬业度				
		零模型	模型1	模型2	模型3	模型4
层次2	截距项	5.306^{***} （0.063）	4.823^{***} （0.282）	2.592^{***} （0.438）	5.468^{***} （0.245）	3.245^{***} （0.422）

续表

变量		员工敬业度				
		零模型	模型 1	模型 2	模型 3	模型 4
层次 2	企业规模		0.052 （0.045）	−0.037 （0.030）	0.054 （0.043）	−0.030 （0.029）
	企业社会责任			0.437*** （0.056）		0.400*** （0.055）
层次 1	年龄		−0.081* （0.038）	−0.114** （0.033）	−0.096* （0.037）	−0.126*** （0.034）
	受教育程度		0.126+ （0.066）	0.098+ （0.056）	0.132* （0.065）	0.117* （0.057）
	工作年限		0.126* （0.049）	0.126** （0.046）	0.134** （0.049）	0.136** （0.047）
	月收入		−0.027 （0.037）	0.028 （0.034）	−0.033 （0.036）	0.019 （0.033）
	经济交换关系感知				−0.228*** （0.046）	−0.172*** （0.039）
	δ^2	1.136	1.114	1.105	1.060	1.058
	τ_{00}	0.212	0.224	0.056	0.208	0.063
	R^2	ICC（1）=15.7%				
	χ^2（df）截距	225.030***	231.696***	119.107**	228.802***	123.552**
	模型差异	2 402.495	2 407.31	2 352.434	2 372.696	2 324.823

***表示 $p<0.001$，**表示 $p<0.01$，*表示 $p<0.05$，+表示 $p<0.1$

2）社会交换关系感知在企业社会责任和员工敬业度之间的中介作用检验

运用 HLM 检验企业社会责任对社会交换关系感知的跨层次影响，得到企业社会责任显著正向影响社会交换关系感知（$\beta=0.516$，$p<0.001$），$H_{3.3}$ 得到验证。运用 HLM 检验企业社会责任和社会交换关系感知对员工敬业度的多层次回归分析，结果如表 3.10 所示。由模型 3 可知，社会交换关系感知显著正向影响员工敬业度（$\beta=0.669$，$p<0.001$），$H_{3.5}$ 得到验证。由模型 4 可知，社会交换关系感知中介了企业社会责任与员工敬业度之间的关系。相比于模型 2，模型 4 在加入社会交换关系感知这一变量之后，企业社会责任对员工敬业度的回归系数从 0.437 降到了 0.113，但仍然显著。所以社会交换关系感知部分中介了企业社会责任与员工敬业度之间的关系，$H_{3.7}$ 得到验证。

表 3.10　企业社会责任和社会交换关系感知对员工敬业度的多层次回归结果

变量		员工敬业度				
		零模型	模型 1	模型 2	模型 3	模型 4
层次 2	截距项	5.306*** （0.063）	4.823*** （0.282）	2.592*** （0.438）	1.460*** （0.320）	0.960** （0.312）

续表

变量		员工敬业度				
		零模型	模型1	模型2	模型3	模型4
层次2	企业规模		0.052 （0.045）	−0.037 （0.030）	0.053[+] （0.028）	0.029 （0.030）
	企业社会责任			0.437[***] （0.056）		0.113[*] （0.048）
层次1	年龄		−0.081[*] （0.038）	−0.114[**] （0.033）	−0.046 （0.036）	−0.060[+] （0.031）
	受教育程度		0.126[+] （0.066）	0.098[+] （0.056）	0.036 （0.036）	0.036 （0.036）
	工作年限		0.126[*] （0.049）	0.126[**] （0.046）	0.111[**] （0.044）	0.113[*] （0.044）
	月收入		−0.027 （0.037）	0.028 （0.034）	−0.022 （0.032）	−0.005 （0.033）
	社会交换关系感知				0.669[***] （0.051）	0.650[***] （0.053）
	δ^2	1.136	1.114	1.105	0.546	0.547
	τ_{00}	0.212	0.224	0.056	0.105	0.092
	R^2	ICC（1）=15.7%				
	χ^2（df）截距	225.030[***]	231.696[***]	119.107[**]	228.314[***]	207.390[***]
	模型差异	2 402.495	2 407.31	2 352.434	1 858.290	1 854.888

***表示 $p < 0.001$，**表示 $p < 0.01$，*表示 $p < 0.05$，+表示 $p < 0.1$

3）经济和社会交换关系感知的双重中介效应检验

运用Mplus检验员工的经济交换关系感知和社会交换关系感知在企业社会责任与员工敬业度之间的双重中介作用，结果如表3.11所示。可见，经济交换关系感知（M_1）在企业社会责任与员工敬业度之间的中介效应显著（β=0.045，$p<0.05$）；社会交换关系感知（M_2）在企业社会责任与员工敬业度之间的中介效应显著（β=0.289，$p<0.001$），$H_{3.8}$得到验证。从特定中介效应间的比较来看，其差值 $a_1\times b_1-a_2\times b_2$ 的估计值为−0.244，且显著（$p<0.001$），说明社会交换关系感知的中介效应显著高于经济交换关系。

表 3.11　两种交换关系感知在企业社会责任与员工敬业度之间的双中介作用

路径	系数	标准差	p 值
$X\to M_2$（a_2）	0.428	0.065	0.000
$M_1\to Y$（b_1）	−0.207	0.039	0.000
$M_2\to Y$（b_2）	0.675	0.050	0.000
$X\to M_1\to Y$（$a_1\times b_1$）	0.045	0.022	0.038

续表

路径	系数	标准差	p 值
$X{\to}M_2{\to}Y$（$a_2{\times}b_2$）	0.289	0.052	0.000
$a_1{\times}b_1{-}a_2{\times}b_2$	−0.244	0.054	0.000
$a_1{\times}b_1{+}a_2{\times}b_2$	0.334	0.058	0.000

注：X 表示企业社会责任，Y 表示员工敬业度

5. 调节效应检验

1）真实型领导在企业社会责任和经济交换关系感知之间的调节作用

运用 Mplus 检验真实型领导在企业社会责任和经济交换关系感知之间的调节作用，结果见表 3.12。在模型 2 中，真实型领导对经济交换关系感知的影响不显著（$\beta{=}0.112$，$p{>}0.1$）。从模型 3 中可以看到企业社会责任和真实型领导的交互项对经济交换关系感知的影响并不显著（$\beta{=}{-}0.080$，$p{>}0.1$），真实型领导在企业社会责任与经济交换关系感知之间的调节作用并不存在，$H_{3.9}$ 未得到验证。

表 3.12　真实型领导在企业社会责任和经济交换关系感知之间的调节作用检验

变量	经济交换关系		
	模型 1	模型 2	模型 3
1. 自变量			
企业社会责任	−0.648*** （0.146）	−0.729** （0.248）	−0.757* （0.293）
2. 调节变量			
真实型领导		0.112 （0.273）	0.125 （0.285）
3. 交互项			
企业社会责任×真实型领导			−0.080 （0.209）
常数项	3.267*** （0.137）	3.306*** （0.190）	3.354*** （0.260）

***表示 $p{<}0.001$，**表示 $p{<}0.01$，*表示 $p{<}0.05$

2）真实型领导在企业社会责任和社会交换关系感知之间的调节作用

运用 Mplus 检验真实型领导在企业社会责任和社会交换关系感知之间的跨层次调节作用，结果见表 3.13。由模型 3 可知，企业社会责任显著正向影响社会交换关系感知（$\beta{=}0.375$，$p{<}0.05$）。企业社会责任与真实型领导的交互项显著正向影响社会交换关系感知（$\beta{=}0.238$，$p{<}0.1$），所以，真实型领导正向调节企业社

会责任与社会交换关系感知的作用，$H_{3.10}$得到验证。

表 3.13 真实型领导在企业社会责任和社会交换关系感知之间的调节作用检验

变量	社会交换关系		
	模型 1	模型 2	模型 3
1. 自变量			
企业社会责任	0.306** (0.093)	0.296* (0.142)	0.375* (0.145)
2. 调节变量			
真实型领导		0.014 (0.150)	−0.021 (0.144)
3. 交互项			
企业社会责任×真实型领导			0.238+ (0.137)
常数项	5.328*** (0.088)	5.333*** (0.104)	5.191*** (0.132)

***表示 $p < 0.001$，**表示 $p < 0.01$，*表示 $p < 0.05$，+表示 $p < 0.1$

图 3.4 是真实型领导的调节效应图，高真实型领导风格加强了企业社会责任对社会交换关系感知的正向影响，低真实型领导风格削弱了该正向影响。

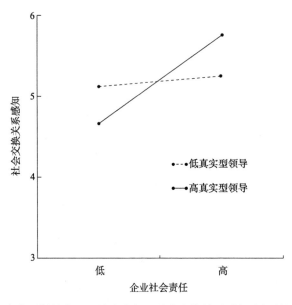

图 3.4 真实型领导在企业社会责任和社会交换关系感知之间的调节作用

3.3　真实型领导对雇佣关系氛围及员工敬业度的影响：组织文化的调节作用

随着组织环境的日益复杂和动态化演变，管理者越来越需要寻找一种将高回报的商业战略与忠实于组织目标的员工相结合的商业模式（Stoyanova and Iliev，2017）。盖洛普咨询公司通过多年对健康企业的成功要素研究，发现敬业员工对企业所关注的经营业绩指标影响最大，是推动组织利润增长的主动力。当前，我国已将"敬业"与"爱国、诚信、友善"一同作为个人层面的公民基本道德规范，被列入社会主义核心价值观中。在企业实践上，如何促进和提升员工敬业度已经成为很多公司人力资源管理面临的重要问题，也是众多咨询公司着力解决的企业热点问题。

在学术研究上，员工敬业度始于 Kahn（1990）提出的个人投入这一概念，体现员工在身体、认知和情感上尽力完成本职工作，将表现自我与工作角色相结合的程度。大量实证研究表明，敬业的员工对本职工作充满激情、全身心投入组织目标的实现，能够为组织带来持续的竞争优势（Rich et al.，2010），其在工作-生活平衡方面也表现得更好（Pandita and Singhal，2017）。然而，哪些因素会影响员工的敬业度呢？Kahn（1990）通过归纳研究总结出决定员工敬业水平的三个关键心理状态，即意义感、安全感和可获得性，在安全感方面，领导所营造的支持性人际关系和管理环境有利于员工在工作中全力以赴。Macey 和 Schneider（2008）则认为工作的挑战性和多样化、领导的风格及其与员工之间的信任等因素对员工敬业度会产生直接或间接的影响。Rich 等（2010）通过实证研究验证了价值观一致性、组织支持感和核心自我评价是员工敬业度的前因变量。Krishnaveni 和 Monica（2016）提出好的领导、良好的同事关系、培训与发展、回报与认可等是员工敬业度的重要驱动因素。近年来，越来越多的学者在研究中发现，领导和组织因素是提高员工敬业度的关键所在（Stoyanova and Iliev，2017；Bailey et al.，2017）。

在大力倡导积极组织行为学的今天，真实型领导因其价值观明确、自我意识强、伦理特征明显、与下属关系透明等特征，是其他积极领导形式的根源构念，其对于员工的心理和行为均具有积极的作用（Avolio et al.，2004）。那么这种风格的领导在企业中是否会影响到员工的敬业度？是怎样影响的？组织的文化与氛围在其中又会起到什么样的作用呢？已有研究显示，在企业实践中，真实型领导更加倾向于建立包容性的结构和积极的氛围，以提升管理者和员工之间的信任和承诺水平，进而提高员工的敬业度（Kahn，1990；Avolio and Gardner，2005）。并且，真实型领导以开放和坦率的方式来展现自然本我，有利于促进组织中积极和伦理性的工作产出，因此比变革型领导对员工态度与行为的预测作用更强。

作为员工对环境的感知，组织氛围是影响员工留职意愿的重要因素（Shanker，2014）。雇佣关系氛围是组织氛围的重要子集，是指员工对管理者与员工关系质量的感知，良好的雇佣关系氛围与员工的高组织承诺紧密相关（Bryson，2005）。同时，雇佣关系氛围也反映了一种高度参与的、以员工为中心的文化，而这种文化能够为员工创造条件去实现对组织有附加价值的贡献（Riordan et al.，2005）。基于此，本节引入雇佣关系氛围与组织文化这两个重要的情境变量，以我国企业的高层管理者和员工为主要调查对象，通过实证研究分析真实型领导行为对员工敬业度的跨层次影响，并检验雇佣关系氛围在其中的中介作用以及组织文化的调节机制。

3.3.1 理论基础与研究假设

1. 真实型领导与员工敬业度

领导者是一个企业的精神领袖，其行为方式不仅对于企业的经济与文化发展至关重要，还会对下属及员工的态度、行为和绩效产生重要的影响。然而，随着近年来企业道德丑闻的不断出现，领导与下属之间也出现了严重的信任危机，直接影响到了员工对工作的认知和信心。真实型领导基于个人价值观和信仰的行为，则有助于构建诚信体系，以获得下属的尊重和信任（Avolio et al.，2004）。这种领导对个体、团队和组织均有积极作用，因而得到了学术界的广泛讨论和研究（王震等，2014）。

真实型领导是一种能够形成并促进积极的心理能力和伦理氛围的领导行为模式，其最本质的特征是通过自我规划达到内化道德与外在行为表现的一致性（Walumbwa et al.，2008；张燕红和廖建桥，2015）。真实型领导与伦理型领导和变革型领导既有区别又有一定的正相关关系，包括自我意识、内化道德、平衡信息加工和关系透明四个维度（Walumbwa et al.，2008）：①自我意识是指领导更新自我知识及阐述其对他人影响之认知的程度，高水平的自我意识会促进个人对价值观、理想、信念及个人优点和缺点的理解；②内化道德是指受内部道德标准和价值观引导的高水平道德开发和领导行为，其不受同事、领导和社会等外界压力的影响，高内化道德水平的领导对伦理问题的思考会更全面和深入；③平衡信息加工是指在做出结论或决策前公开、客观地分析所获得的相关信息，善于平衡加工的领导会征求下属意见，表明在决策前可以接受对其职位等的挑战；

④关系透明是指通过披露和公开分享领导的真实想法和感受等信息，而促成积极关系的领导行为，体现为领导和下属之间的开放、负责、诚实程度，以及清晰的社会交换（Hannah et al.，2011b）。

从社会交换理论的视角来看，员工的敬业度是指作为对个人获得组织资源的回报，员工有更多的责任投入工作角色表现中（Kahn，1990）。如果组织不能提供必要的资源，个人便会倾向于减少在组织角色中的投入。由于员工在组织中的角色可以分为工作角色和组织成员角色两个方面，所以员工敬业度可以分为工作敬业度和组织敬业度两个维度（Saks，2006）。基于社会交换理论的视角，个人在工作和组织角色中将认知、情感和物质资源投入于绩效的程度与其从组织中获得的经济和社会情感资源紧密相关。高层领导的真实性不仅涉及领导本人的幸福感，而且是影响下属幸福感和自我认知的重要因素（Ilies et al.，2005）。随着人们对于领导伦理行为的日益重视，很多学者将真实型领导作为伦理型领导的表现形式之一，研究其与个体、团队、组织各方面产出结果的关系（Gardner et al.，2011）。

关于真实型领导对个体影响的研究，大多是基于对下属员工的调查，如 Peus 等（2012）通过实证研究检验了真实型领导的结果变量有追随者的满意度、组织承诺和额外的工作努力；Scheepers 和 Elstob（2016）结合对两家公司 400 多名员工的调查，发现"与受益人关系"这一变量在真实型领导与员工敬业度的正向关系中起到反向调节作用。近年来，学者们开始关注真实型领导对员工行为的跨层次影响，如 Hsieh 和 Wang（2015）通过对 36 家公司的 77 名团队主管和 345 名员工的调查，验证了主管感知的真实型领导对员工工作敬业度的影响，以及员工感知的真实型领导和员工信任的中介作用；Braun 和 Nieberle（2017）通过对 33 名团队领导和 128 名下属的研究发现，真实型领导与员工的工作-家庭增益显著正相关；Hirst 等（2016）则检验了部门层面的真实型领导对于下属团队领导的真实型风格以及团队和个人层面的帮助行为之影响的涓滴效应。在此基础上，遵循高阶理论的基本思想，从组织-员工跨层次的角度提出如下研究假设。

$H_{3.11}$：CEO 的真实型领导风格对员工的工作敬业度具有显著的正向影响。

$H_{3.12}$：CEO 的真实型领导风格对员工的组织敬业度具有显著的正向影响。

2. 雇佣关系氛围在真实型领导与员工敬业度之间的中介作用

1）真实型领导与雇佣关系氛围

氛围是指组织内成员关于政策、程序和实践的共同感知，即"人们对于在组织情境内发生的与自己有关事务的现实描述"（Ostroff et al.，2003）。对氛围的理解有助于人们更好地理解组织在个体和群体方面的效能，因为员工行为并不是直接受工作环境的影响，而是员工首先感知和洞察工作环境，然后根据对环境的理解采取行动（Carr et al.，2003；Wallace et al.，2006）。Schneider 和 Reichers（1983）将氛围划分为基本氛围和特定氛围，前者是对较大范围的环境的共同感知，而后者则是对安全、服务等特定领域的环境感知。雇佣关系氛围是一种基本的组织氛围，是指对于管理者和员工之间整体关系的一种感知（Schneider and Reichers，1983），是领导-成员交换关系的一种体现。与国外早期侧重企业与工会关系研究的劳动关系氛围相比，雇佣关系氛围更多地关注管理者和员工之间的信任、尊重和合作程度，更加适合中国情境下的研究。已有研究表明，真实型领导及其员工的真实性是预测组织健康、组织氛围和领导有效性的关键因素（Henderson and Brookhart，1996），具体来看，CEO 的关系导向行为、领导的层级、工作参与度和人际关系都会对雇佣关系氛围产生明显的影响（Bose and Mudgal，2013）。Kinnunen 等（2016）通过对三个时间段的调查数据分析与滞后关系的研究，分阶段验证了真实型领导与良好团队氛围的因果关系，以及二者之间的反向因果关系。基于此，提出以下研究假设。

$H_{3.13}$：CEO 的真实型领导风格对雇佣关系氛围具有显著的正向影响。

2）雇佣关系氛围与员工敬业度

良好的雇佣关系是影响员工态度和组织可持续发展的重要因素，作为成员对组织雇佣关系的一种感知，雇佣关系氛围可以用来替代性地评价组织管理人力资源的战略性和有效性（Ngo et al.，2008）。Townsend 等（2014）通过案例研究发现合作型的雇佣关系有利于促进员工敬业度的提升。已有实证研究发现，良好的雇佣关系氛围有利于提升员工的工作满意度和组织承诺（Valizade et al.，2016），并且能够在一定程度上增强员工的心理安全感和工作嵌入（李召敏和赵曙明，2017）。Remo（2012）在对员工敬业度的前因变量研究中指出：在组织情境中包含的阶层化、操作规则和工作所需资源越多，对员工敬业度的前因变量研究就越需要扩展到组织的层面来分析，这样才能更好地理解工作敬业度的情境。Megha（2016）的研究则发现：在不同企业中，影响员工敬业度的组织因素大同小异，包括组织支持感、心理氛围、工作环境、领导、组织文化等因素，基本不受行业的影响。基于此，从跨层次的角度提出以下研究假设。

$H_{3.14}$：组织的雇佣关系氛围对员工的工作敬业度具有显著的正向影响。

$H_{3.15}$：组织的雇佣关系氛围对员工的组织敬业度具有显著的正向影响。

3）雇佣关系氛围的中介作用

社会交换理论主要关心人际关系中的交换现象，包括领导与下属之间的互动，具有真实型领导风格的高层管理者在企业中能够影响到与下属之间交换关系的开发和维持。社会交换理论的逻辑有助于理解员工在工作和组织中的敬业程度，如果员工从组织中获得了较多的经济和社会情感交换资源，就会感觉到有责任去以更高的敬业水平回报组织。那么高层管理者的真实型领导风格对员工敬业度的影响过程是怎样的呢？近年来的实证研究显示，真实型领导对于员工态度或行为的影响往往是间接的，如真实型领导会通过依附安全这一中介变量来提高员工的满意度、降低感知压力并缓解压力症状（Rahimnia and Sharifirad，2015）；真实型领导会通过团队信任氛围和心理安全氛围这两个中介变量来影响下属的知识分享和创造力（Meng et al.，2016）。氛围是一种内在的多层构念，包含对组织的心理与社会环境的不同认知和信念。在组织层面上，氛围是指组织成员对于组织环境的共同认知和信念，成员将这种信念赋予心理意义，有利于更好地理解环境（Schneider and Reichers，1983）。作为领导-成员交换关系的一种体现，组织层面的雇佣关系氛围是领导与员工态度或行为之间的重要变量，已有实证研究发现：组织层面的合作伙伴关系实践会通过雇佣关系氛围来影响员工的工作态度（Xi et al.，2017a）；任务导向与关系导向的战略型领导都会通过雇佣关系氛围这一中介来影响员工的满意度、组织承诺和离职倾向（李召敏和赵曙明，2015）；具有包容型领导风格的 CEO 会通过良好的雇佣关系氛围来影响员工的主动行为（刘泱等，2016）；CEO 的关系导向行为也会通过雇佣关系氛围来影响员工的情感承诺与工作满意度，进而影响组织绩效（Xi et al.，2017b）。在此基础上，本节引入雇佣关系氛围这一情境变量，分析 CEO 的真实型领导风格对员工敬业度的影响过程与机制，从组织-员工的跨层次角度提出以下中介作用的研究假设。

$H_{3.16}$：雇佣关系氛围在 CEO 的真实型领导风格与员工的工作敬业度之间具有中介作用。

$H_{3.17}$：雇佣关系氛围在 CEO 的真实型领导风格与员工的组织敬业度之间具有中介作用。

3. 组织文化在真实型领导与雇佣关系氛围之间的调节作用

文化是组织的一套期望系统，使用这一系统来为员工设定规范和行为标准，为领导行为提供依据，因此组织文化被认为是领导者塑造和保持企业竞争优势的重要因素。Schein（2010）指出文化是由基本假设构成的一种模式，这些假设是由团体在处理外部适应和内部整合问题的过程中形成，因其行之有效而得到认可，并作为理解、思考和感受相关问题的正确方法被传授给新成员。

从组织文化测量的视角来看，Tsui 等（2006b）通过对国企、私企和外企的调查，采用归纳和情境化研究方法得到了适用于中国企业的组织文化的维度和测量项目，包括人际和谐、员工发展、顾客导向、勇于创新及社会责任五个维度。王辉等（2011）在此基础上又将组织文化分为内部整合、外部适应两个二阶因子，前者包括人际和谐、员工发展两个维度，后者则包括顾客导向、勇于创新及社会责任三个维度。在组织内部，重视维持和谐关系的领导者会非常爱惜和信任员工，鼓励成员间的合作、信任和信息交换与整合，这种良好的内部沟通、相互信任和合作有利于促进组织形成内部整合性的价值观。在组织外部，面临动态而激烈的竞争环境，对环境的敏感和全面分析，使得领导者可能认知到环境结构、环境的动态性和变动趋势，因此更加强调创新，关注结果，注重提高产品或服务质量，这种情况更有利于在组织中形成外部适应性的价值观。

领导力与组织文化的关系研究一直是学术界关注的重点问题，企业文化在很大程度上就是企业家文化，由企业创始人塑造的企业文化具有一定的稳定性和渗透力，往往会影响企业继任者的领导风格（赵曙明和裴宇晶，2011）。Kwon 等（2016）通过实证研究发现，宏观层面的国家文化、中观层面的组织氛围以及微观层面的管理层–员工关系质量是影响员工工作敬业度的主要因素。

在不同类型的文化中，领导对组织、团队和员工的影响也会有所差异，因此组织文化常被看作调节变量来解释领导对其他变量的影响。例如，已有研究发现："以人为本"的文化会加强互动公平对领导–成员交换的影响，而"团队导向"的文化则会减弱这种影响（Erdogan et al., 2006）。另外，也有学者提出员工导向的文化以满足个体需求为导向，强调为员工提供更好的组织内学习和发展机会，能够为员工提供一个公平、信任、自由快乐的组织氛围（张玮和刘延平，2015）。

从组织文化的两个二阶因子来看，内部整合性文化较强的企业更加关注人际和谐与员工发展，这样领导的一言一行对整体组织氛围的影响就会更大，所以CEO 的真实型领导风格对于组织雇佣关系氛围的影响会更强；而外部适应性文化较强的企业更加关注外部顾客需求、产品或服务创新以及社会责任的承担，领导的影响面由此会扩展到企业外部，同时也会影响到企业内部对整体氛围的感知。

因此，在外部适应性文化较强的企业中，CEO 的真实型领导风格对于组织雇佣关系氛围的影响也会更强。真实型领导，作为一种能够形成并促进积极的心理能力和伦理氛围的领导行为模式，与其他领导风格既有区别又有一定的联系。因此，本节引入组织文化这一情境变量，分析 CEO 的真实型领导风格对雇佣关系氛围的影响机制，从企业层面提出以下研究假设。

$H_{3.18}$：内部整合性的组织文化在 CEO 的真实型领导风格与雇佣关系氛围之间起到正向调节作用。

$H_{3.19}$：外部适应性的组织文化在 CEO 的真实型领导风格与雇佣关系氛围之间起到正向调节作用。

综合以上研究假设，本节的研究假设模型如图 3.5 所示。

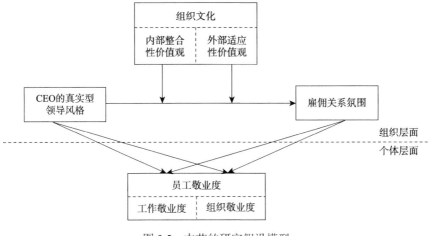

图 3.5　本节的研究假设模型

3.3.2　研究设计

1. 研究样本

本节的数据收集采用问卷调查的方法，根据调查变量的不同，调查对象也有所区别。关于 CEO 的领导者风格和组织文化问卷由高层管理者（一般为公司的副总）填写；雇佣关系氛围的问卷由最了解企业雇佣情况的人力资源部门负责人填写；员工敬业度的问卷则由员工根据个人的真实感受填写，并在每一个维度上都设置了反向题，以避免在本人填写问卷时出现社会赞许现象。所有的问卷都采用利克特 7 点式量表，1~7 表示从"非常不同意"到"完全同意"。整个问卷发放及数据收集的过程历时 6 个月，从 2014 年 10 月至 2015 年 3 月，最终得到 146 家企业的 146 名高管和 HR 部门负责人，以及 1 303 名员工的问卷。对于缺失值的处理，采用平均数进行替代。样本情况如下：性别方面，男性占 61.6%，女性占38.4%；年龄方面，31~35 岁居多，占 21.2%；婚姻状况方面，未婚占 30%，已婚占 69%，离婚占 1%；受教育程度方面，全日制本科居多，占 35%；企业类型方面，民营企业居多，占 54%；行业方面，制造业的企业居多，占 64%。

2. 变量测量

（1）真实型领导：该变量的测量采用 Walumbwa 等（2008）开发的量表，共有 4 个维度，16 个题项：①自我意识，如"征求反馈意见以改善与他人的互动关系"；②内化道德，如"根据高标准的道德守则做出艰难决策"；③关系透明，如"清楚地表达自己的意思"；④平衡信息加工，如"希望得到与其立场不同的观点"。

（2）雇佣关系氛围：该变量的测量采用 Ngo 等（2008）开发的量表。该量表从 Schuster 等编制的"人力资源指数"中选取了 6 个题项，如"在公司中，员工能够充分发挥自己的知识和技能""员工对公司有一种归属感和承诺"等。

（3）员工敬业度：本节将对员工敬业度的测量分为工作敬业度和组织敬业度两个变量来进行测量，采用的是 Saks（2006）开发的量表，各有 5 个题项。其中，对工作敬业度的测量包括"有时候我对工作太投入以至于都忘记了时间"等题项，对组织敬业度的测量包括"成为组织中的一员是很吸引人的"等题项。

（4）企业文化：该变量的测量采用 Tsui 等（2006b）开发的量表，共有 5 个维度，24 个题项：①人际和谐，如"关心员工个人的成长与发展"；②顾客导向，如"最大限度满足顾客的需要"；③勇于创新，如"大胆引进高新科技"；④员工发展，如"有明确的奖惩标准"；⑤社会责任，如"具有服务于社会的使命感"。本节借鉴王辉等（2011）的观点，将组织文化分为内部整合性组织文化（人际和谐与员工发展）和外部适应性组织文化（顾客导向、勇于创新和社会责任）。

（5）控制变量：考虑到其他可能影响员工敬业度的因素，本节基于已有研究成果和本课题调研的实际情况，选择了两个层面的控制变量：①个体层面的变量，包括性别、年龄、婚姻状况及受教育程度；②企业层面的变量，包括企业类型以及企业所属行业。选择这些控制变量的原因在于：已有研究发现员工的性别、年龄、受教育程度这些人口特征是员工敬业度研究的重要控制变量（王冬冬和钱智超，2017）；另外，考虑到员工在结婚前后对工作的投入也会有所差别，因此本节对样本对象的婚姻状况进行了控制；同时，由于企业类型与所属行业的不同对员工投入工作角色中的要求有所不同，本节对企业类型与所属行业这两个企业层面的变量进行了控制。考虑到性别、婚姻状况、企业类型及所属行业等属于分类变量，因此本节在回归分析中对其进行了虚拟变量的处理。

3.3.3　数据分析与结果

1. 描述性统计

表 3.14 列出了研究变量的均值、标准差与相关系数。可见，真实型领导与雇佣关系氛围显著正相关（$r=0.350$，$p < 0.01$）；组织文化与真实型领导显著正相关（$r=0.259$，$p < 0.01$）；组织文化与雇佣关系氛围显著正相关（$r=0.344$，$p < 0.01$）。这为本节的开展提供了重要的分析依据。

表 3.14　变量的均值、标准差与相关系数

变量	均值	标准差	1	2	3	4	5
个体层面							
1. 性别	1.43	0.467					
2. 年龄	3.72	1.384	-0.091^{**}				
3. 婚姻状况	1.68	0.459	-0.017	0.532^{**}			
4. 受教育程度	2.94	1.118	0.035	-0.330^{**}	-0.223^{**}		
5. 工作敬业度	5.085 6	1.028 7	0.043	0.108^{**}	0.132^{**}	-0.091^{**}	
6. 组织敬业度	5.164 1	1.098 8	0.063^{*}	-0.013	0.055^{*}	0.002	0.607^{**}
组织层面							
1. 企业类型	2.554 8	0.879 1					
2. 制造业	1.363 0	0.482 5	0.107				
3. 真实型领导	5.791 9	0.844 2	0.132	-0.101			
4. 组织文化	6.019 5	0.784 5	0.069	0.014	0.259^{**}		
5. 雇佣关系氛围	5.352 3	0.901 6	0.157	-0.052	0.350^{**}	0.344^{**}	

$**$ 表示 $p < 0.01$，$*$ 表示 $p < 0.05$

注：个体层面（N=1 303）、组织层面（N=146）

2. 假设检验

由于真实型领导对雇佣关系氛围及员工敬业度（包括工作敬业度和组织敬业度）的效应研究涉及了跨层次数据，本节运用 HLM 和 SPSS 进行跨层次分析方法来验证假设。在检验假设前，需要对其进行零模型检验，以计算组内相关系数 ICC（1）来确认是否有必要进行多层级分析。首先，使用 HLM 估计工作敬业度的零模型得到分析结果，如表 3.15 所示，δ^2=0.853，τ_{00}=0.207，而且组间方差是显著的 $[\chi^2（145）=461.326，p < 0.001]$，由此可计算出组内方差 ICC（1）= 0.195。其次，使用 HLM 估计组织敬业度的零模型得到分析结果，如表 3.16 所示，δ^2=0.980，τ_{00}=0.228，而且组间方差也是显著的 $[\chi^2（145）=448.868，p < 0.001]$，由此可计算出组内方差 ICC（1）=0.189。由于两个模型的组内方差 ICC（1）均大于 0.06，因此本节有必要进行多层级分析。本节借鉴 Zhang 等（2009）和方杰等（2010）的跨层次中介效应检验方法，并在其加入了对控制变量的检验，具体操作有以下五步：①零模型假设检验；②控制变量对因变量的直接效应检验；③自变量对因变量的直接效应检验；④中介变量对因变量的直接效应检验；⑤自变量和中介变量同时对因变量的作用效应检验。

表 3.15　员工工作敬业度的多层次回归结果

变量		员工的敬业度				
		零模型	模型 1	模型 2	模型 3	模型 4
层次 2	截距项	5.082*** （0.046）	5.095*** （0.188）	3.934*** （0.290）	4.325*** （0.278）	3.638*** （0.323）
	外资企业	（0.135）	0.023 （0.122）	−0.026 （0.131）	−0.028 （0.120）	−0.050
	民营企业		−0.009 （0.114）	−0.066 （0.113）	−0.070 （0.117）	−0.095 （0.113）
	其他		0.183 （0.190）	0.051 （0.179）	0.070 （0.188）	−0.000 （0.179）
	制造业		−0.026 （0.097）	−0.069 （0.092）	−0.049 （0.095）	−0.077 （0.092）
	真实型领导			0.220*** （0.046）		0.184*** （0.048）
	雇佣关系氛围				0.157** （0.046）	0.099* （0.047）
层次 1	性别		0.128+ （0.065）	−0.140* （0.064）	−0.130* （0.065）	−0.140* （0.064）
	年龄		0.035 （0.027）	0.031 （0.027）	0.037 （0.027）	0.033 （0.027）
	婚姻状况		0.144* （0.071）	0.139* （0.071）	0.142* （0.171）	0.138* （0.070）
	受教育程度		−0.054+ （0.028）	−0.058* （0.028）	−0.057* （0.027）	−0.059* （0.027）
	δ^2	0.853	0.843	0.842	0.843	0.843
	τ_{00}	0.207	0.201	0.170	0.183	0.164
	R^2	ICC（1）=19.5%				
	χ^2/df（截距）	461.326***	441.942***	392.741***	412.652***	382.691***
	模型差异	3 659.657	3 662.633	3 648.274	3 655.497	3 650.559

***表示 $p<0.001$，**表示 $p<0.01$，*表示 $p<0.05$，+表示 $p<0.1$

表 3.16　员工组织敬业度的多层次回归结果

变量		员工的组织敬业度				
		零模型	模型 1	模型 2	模型 3	模型 4
层次 2	截距项	5.165*** （0.048）	5.212*** （0.225）	4.325*** （0.351）	4.336*** （0.346）	3.899*** （0.390）
	外资企业		−0.002 （0.140）	−0.038 （0.132）	−0.060 （0.125）	−0.073 （0.122）
	民营企业		0.071 （0.122）	0.029 （0.121）	0.003 （0.118）	−0.013 （0.117）
	其他		0.194 （0.220）	0.095 （0.212）	0.067 （0.215）	0.023 （0.211）

续表

变量		员工的组织敬业度				
		零模型	模型 1	模型 2	模型 3	模型 4
层次 2	制造业		0.036 （0.101）	0.004 （0.099）	0.010 （0.100）	−0.007 （0.099）
	真实型领导			0.167** （0.047）		0.116* （0.046）
	雇佣关系氛围				0.178** （0.053）	0.141** （0.053）
层次 1	性别		−0.158* （0.066）	−0.168* （0.066）	−0.161* （0.067）	−0.168* （0.066）
	年龄		−0.026 （0.028）	−0.030 （0.029）	−0.024 （0.029）	−0.027 （0.029）
	婚姻状况		0.126 （0.082）	0.120 （0.082）	0.124 （0.081）	0.120 （0.082）
	受教育程度		−0.008 （0.033）	−0.010 （0.033）	−0.010 （0.033）	−0.011 （0.033）
	δ^2	0.980	0.975	0.976	0.976	0.976
	τ_{00}	0.228	0.236	0.217	0.211	0.205
	R^2	ICC（1）=18.9%				
	χ^2/df（截距）	448.868***	445.988***	417.567***	410.988***	398.761***
	模型差异	3 837.076	3 852.681	3 846.702	3 844.394	3 846.361

***表示 $p < 0.001$，**表示 $p < 0.01$，*表示 $p < 0.05$

1）真实型领导在员工工作敬业度的影响与雇佣关系氛围之间的中介作用

对员工的工作敬业度进行多层次回归，结果见表 3.15。由模型 2 所知，CEO 的真实型领导风格对员工的工作敬业度有显著的正向影响（$\beta=0.220$，$p < 0.001$），因此，$H_{3.11}$ 得到支持。由模型 3 可知，雇佣关系氛围对员工的工作敬业度有显著正向影响，$H_{3.14}$ 得到支持。在表 3.17 中，CEO 的真实型领导风格对雇佣关系氛围具有显著的正向影响（$\beta=0.355$，$p < 0.001$），由此 $H_{3.13}$ 得到支持。基于此，由模型 4 可知，雇佣关系氛围在真实型领导与员工工作敬业度之间起着中介作用。同时，模型 4 在加入雇佣关系氛围这一变量之后，相比于模型 2，真实型领导对员工工作敬业度的回归系数从 0.220 降到了 0.184，但仍然显著。所以，雇佣关系氛围在 CEO 的真实型领导风格与员工工作敬业度之间起着部分中介作用。由此，$H_{3.16}$ 得到支持。

表 3.17　内部整合性组织文化的层级回归结果（N=146）

变量	模型 1	模型 2	模型 3	模型 4
控制变量				
外资企业	0.280 （0.261）	0.209 （0.248）	0.290 （0.249）	0.306 （0.248）

变量	模型 1	模型 2	模型 3	模型 4
民营企业	0.357^+ (0.199)	0.272 (0.189)	0.294 (0.188)	0.336^+ (0.188)
其他	0.537 (0.323)	0.343 (0.310)	0.373 (0.307)	0.400 (0.305)
制造业	0.117 (0.159)	0.046 (0.151)	0.046 (0.150)	0.062 (0.149)
自变量				
真实型领导		0.355^{***} (0.085)	0.295^{**} (0.090)	0.317^{***} (0.091)
调节变量				
内部整合性组织文化			0.088^+ (0.047)	0.129^* (0.052)
交互项				
真实型领导 ×内部整合性组织文化				0.068^+ (0.039)
常数项	4.985^{***} (0.200)	5.106^{***} (0.192)	5.078^{***} (0.190)	5.007^{***} (0.193)
R^2	0.031	0.137	0.159	0.177
ΔR^2	0.031	0.106	0.022	0.018
F 值	0.122	4.454^{***}	4.373^{***}	4.231^{***}
ΔF	0.122	17.264^{***}	3.564^+	3.003^+

***表示 $p < 0.001$，**表示 $p < 0.01$，*表示 $p < 0.05$，+表示 $p < 0.1$

2）真实型领导在员工组织敬业度的影响与雇佣关系氛围之间的中介作用

对员工的组织敬业度进行多层次回归，结果见表 3.16。由模型 2 所知，CEO 的真实型领导风格对员工的组织敬业度有显著的正向影响（$\beta=0.167$，$p < 0.01$），因此，$H_{3.12}$ 得到支持。由模型 3 可知，雇佣关系氛围对员工的组织敬业度有显著正向影响，$H_{3.15}$ 得到支持。由表 3.17 所知，CEO 的真实型领导风格对雇佣关系氛围具有显著的正向影响（$\beta=0.355$，$p < 0.001$），$H_{3.13}$ 得到支持。基于此，由模型 4 可知，雇佣关系氛围在真实型领导与员工组织敬业度之间起着中介作用。又因为模型 4 在加入雇佣关系氛围这一变量之后，相比于模型 2，真实型领导对员工的组织敬业度的回归系数从 0.167 降到了 0.116，但仍然显著。所以，雇佣关系氛围在 CEO 的真实型领导风格与员工的组织敬业度之间起着部分中介作用。由此，$H_{3.17}$ 得到支持。

3）组织文化的调节作用检验

本节对于组织文化在 CEO 的真实型领导风格与雇佣关系氛围之间的调节作用，使用组织文化的内部整合性和外部适应性两个二阶因子分别进行研究。

（1）内部整合性组织文化的调节作用检验。

由表3.17的模型3可知，内部整合性的组织文化对雇佣关系氛围有显著的正向影响（$\beta=0.088$，$p<0.1$）。由模型4可知，CEO的真实型领导风格与内部整合性组织文化的交互项对雇佣关系氛围产生显著的正向影响（$\beta=0.068$，$p<0.1$），并且ΔR^2变化显著（$\Delta F=3.003$，$p<0.1$）。因此，$H_{3.18}$得到支持，内部整合性组织文化在CEO的真实型领导风格与雇佣关系氛围的关系中起到显著的正向调节作用。为了更详细地阐述内部整合性组织文化在CEO的真实型领导风格与雇佣关系氛围之间的调节作用，本节绘制了内部整合性组织文化的调节效应图，如图3.6所示。可见，高内部整合性组织文化增强了真实型领导对雇佣关系氛围的正向影响，低内部整合性组织文化削弱了真实型领导对雇佣关系氛围的正向影响。

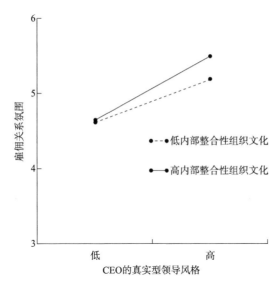

图3.6　内部整合性组织文化的调节效应

（2）外部适应性组织文化的调节作用检验。

由表3.18中的模型3可知，外部适应性组织文化对雇佣关系氛围有显著的正向影响（$\beta=0.099$，$p<0.05$）。由模型4可知，CEO的真实型领导风格与外部适应性组织文化交互项对雇佣关系氛围有显著的正向影响（$\beta=0.072$，$p<0.1$），并且ΔR^2变化显著（$\Delta F=3.337$，$p<0.05$）。基于此，$H_{3.19}$得到支持，外部适应性组织文化在CEO的真实型领导风格与雇佣关系氛围的关系中起到显著的正向调节作用。

表3.18　外部适应性组织文化的层级回归结果（*N*=146）

变量	模型1	模型2	模型3	模型4
控制变量				
外资企业	0.280 （0.261）	0.209 （0.248）	0.282 （0.248）	0.274 （0.246）
民营企业	0.357[+] （0.199）	0.272 （0.189）	0.279 （0.187）	0.292 （0.186）
其他	0.537 （0.323）	0.343 （0.310）	0.376 （0.306）	0.390 （0.304）
制造业	0.117 （0.159）	0.046 （0.151）	0.055 （0.150）	0.067 （0.149）
自变量				
真实型领导		0.355[***] （0.085）	0.280[**] （0.092）	0.312[***] （0.093）
调节变量				
内部整合性组织文化			0.099[*] （0.048）	0.142[**] （0.053）
交互项				
真实型领导 ×内部整合性组织文化				0.072[+] （0.040）
常数项	4.985[***] （0.200）	5.106[***] （0.192）	5.082[***] （0.190）	5.029[***] （0.190）
R^2	0.031	0.137	0.162	0.182
ΔR^2	0.031	0.106	0.025	0.020
F 值	0.122	4.454[***]	4.494[***]	4.394[***]
ΔF	0.122	17.264[***]	4.191[*]	3.337[*]

***表示 $p < 0.001$，**表示 $p < 0.01$，*表示 $p < 0.05$，+表示 $p < 0.1$

　　为了更清楚地说明外部适应性组织文化在 CEO 的真实型领导风格与雇佣关系氛围之间关系的调节作用，本节绘制了外部适应性组织文化的调节效应图，如图3.7所示。可见，高外部适应性组织文化增强了真实型领导对雇佣关系氛围的正向影响，低外部适应性组织文化削弱了真实型领导对雇佣关系氛围的正向影响。

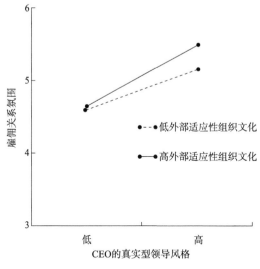

图 3.7　外部适应性组织文化的调节效应

3.4　研究结论与讨论

3.4.1　企业社会责任促使员工敬业的内在机制

1. 研究结论

本章在理论研究的基础上，通过对案例资料的编码与深入分析，主要得出以下研究结论。

第一，海底捞履行了以顾客为中心的双赢策略、自觉遵纪守法、公平优待员工和主动关爱社会等社会责任，并且公平优待员工和主动关爱社会这两个高层次的社会责任更为突出，具有区别于以往研究的特色实践，如关注员工家庭、为员工父母和子女提供力所能及的帮助等。

第二，海底捞员工的敬业度表现为热情主动、耐劳负责、细致用心和娴熟高效这四个维度，既体现了员工敬业的精神状态，也体现了他们的实际行动。

第三，企业社会责任的承担有利于促进员工敬业度的提升，主要体现在伦理责任与慈善责任这两个高层次的企业社会责任维度会对员工敬业度产生积极的影响和促进作用，其中慈善责任对员工敬业度的影响更为突出，而经济责任与法律责任这两个低层次的企业社会责任维度未能有效促进员工敬业度的提升。

第四，企业承担高层次的社会责任能够使员工在组织信任、关系投资、长期导向和情感纽带方面有良好的员工-组织关系感知，进而促使员工更加敬业。在员工高度认同本组织文化的情境下，这种促进关系会得以加强。

根据对海底捞进行案例研究所得出的主要结论，本章从社会交换理论视角来解释企业履行社会责任促使员工敬业的内在机制，如图3.8所示。

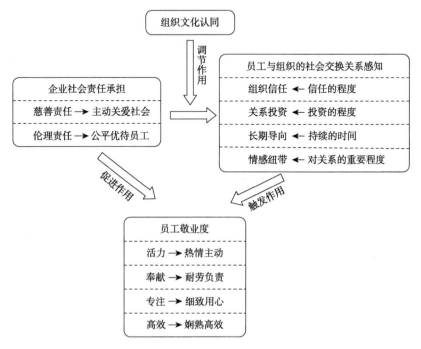

图3.8　企业社会责任促使员工敬业的内在机制

2. 理论贡献

本章采用案例研究方法对海底捞展开调研与分析，全面梳理了企业社会责任和员工敬业度的内涵与新发现，并在此基础上探究了企业社会责任促使员工敬业的内在机制。理论贡献主要有以下四方面。

第一，通过编码分析，发现海底捞员工的敬业度表现为热情主动、耐劳负责、细致用心和娴熟高效四个维度，在Schaufeli等（2002）提出的活力、奉献、专注三维度基础上，增加了高效这一新维度。

第二，依据Carroll（1979）提出的金字塔模型，分析了企业社会责任的四个层面（经济责任、法律责任、伦理责任和慈善责任）对员工敬业度的影响，发现企业承担伦理责任和慈善责任等高层次的社会责任有助于提升员工的敬业表现；而承担经济责任和法律责任等低层次的社会责任未能有效促进员工敬业度的提升。

第三，基于社会交换理论的视角，探究了企业社会责任对员工敬业度的影响路径，得出企业社会责任会通过促进员工对组织信任、关系投资、长期导向和情感纽带四个方面的交换关系感知来提升敬业表现，为本领域研究提供了全新的视角。

第四，通过案例分析，得出组织文化认同在企业社会责任和员工-组织社会交换关系之间的调节作用，可为企业社会责任的影响效果研究提供新的情境因素。

3.4.2　企业社会责任对员工感知雇佣关系及敬业度的影响机制

1. 研究结论

本章通过对 86 家企业的 781 名员工及其领导的配对数据进行实证分析，得出以下主要结论。

第一，企业社会责任会促进员工敬业度的提高。

第二，员工感知雇佣关系（包括经济交换关系和社会交换关系）在企业社会责任和员工敬业度之间具有部分中介作用。

第三，真实型领导正向调节企业社会责任对员工感知的社会交换关系的作用，但其在企业社会责任和员工感知的经济交换关系之间的调节作用不显著。

2. 理论贡献

本章基于社会交换理论，检验了企业社会责任对员工敬业度的跨层次影响，理论贡献主要有以下三点。

第一，已有学者在中国背景下分析了企业社会责任对员工敬业度的影响，如马苓等（2020）通过对海底捞进行典型案例研究后发现，慈善责任与伦理责任这些高层次的企业社会责任可以增强员工与组织的社会交换关系，从而提升员工敬业度，但该研究并未考虑经济交换关系，研究结论也未得到实证检验；姜友文和张爱卿（2015）基于社会交换理论，通过实证检验发现企业社会责任可以通过心理意义感和心理安全感的中介作用对员工的敬业度有正向影响，但是该研究并未将组织敬业度考虑其中。本章通过大样本调查，对收集到的数据进行跨层次分析，发现企业社会责任会通过减弱员工的经济交换关系（交易）感知来保障员工敬业度水平（包括工作敬业度与组织敬业度）；通过强化员工的社会交换关系（承诺）感知来提高员工敬业度。社会交换关系的中介作用要强于经济交换关系的中介作用。由此，得到了企业社会责任对员工敬业度的双重影响路径，即"弱化交易关系，保障员工敬业"和"强化承诺关系，激励员工敬业"，这对已有研究结果进行了进一步检验和深化，拓展了企业社会责任与员工心理和行为之间关系的研究范畴，如图 3.9 所示。

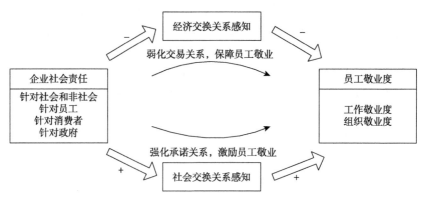

图 3.9　企业社会责任对员工敬业度的影响路径

第二，已有研究发现了企业社会责任对组织认同感（Farooq et al.，2017）、工作满意度（付非和赵迎欢，2017）、建言行为（颜爱民等，2017）、离职率（Thomas et al.，2019）和反生产行为（王哲和张爱卿，2019）等员工态度与行为的影响。但这些研究较多地关注了员工感知的企业社会责任对其态度和行为的影响，并未涉及企业的企业社会责任实践对员工的跨层次影响。本章通过对跨层次数据的分析与检验，得到企业层面的企业社会责任实践对员工个体敬业度的跨层次影响机制，是对已有研究层面的有益补充，有利于发现在企业实践层面上影响员工敬业度的重要因素，为企业的管理实践提供参考。

第三，已有研究发现企业社会责任与领导风格［如真实型领导（Kahn，1990）］都可能对员工的态度与行为产生影响，但并未将二者结合起来考虑。本章基于线索一致理论，证明了企业社会责任与真实型领导的线索一致性会加强企业社会责任对员工感知雇佣关系的正向影响。这不仅拓宽了企业社会责任在组织行为与人力资源管理领域相关研究的理论视角，还为企业提升社会责任实践的内部效果提供了参考。

3.4.3　真实型领导对雇佣关系氛围及员工敬业度的影响机制

1. 研究结论

本章基于对 146 家企业高层管理者、人力资源部门负责人和员工的调查，检验了 CEO 的真实型领导风格对员工敬业度的影响机制，得出以下主要结论。

第一，CEO 的真实型领导风格有助于提高公司员工的工作敬业度和组织敬业度。作为公司最高层的领导，CEO 的真实型领导风格对于组织的雇佣关系氛围有着显著的正向影响，良好的雇佣关系氛围也有助于提升员工的工作敬业度和组织敬业度。并且，雇佣关系氛围在 CEO 的真实型领导风格与员工的工作敬业度和组织敬业度之间起到部分中介作用，可见 CEO 的真实型领导行为可以通过营造良好的雇佣关系氛围来提升员工的工作敬业度和组织敬业度。

第二，当组织文化的内部整合性较强时，领导更加关注人际和谐与员工发展，这种情况下，真实型领导对组织雇佣关系氛围的影响更大，更有利于营造和谐的雇佣关系氛围；反之，在内部整合性偏低的组织文化中，真实型领导对组织雇佣关系氛围的作用较弱。

第三，当组织文化的外部适应性较强时，领导更加关注顾客导向、勇于创新和社会责任，这种情况下，真实型领导对于组织雇佣关系氛围的影响更大，更加有利于形成良好的雇佣关系氛围；反之，在外部适应性偏低的组织文化中，真实型领导对组织雇佣关系氛围的影响较小。

2. 理论贡献

本章揭示了 CEO 的真实型领导风格对员工敬业度的影响机制，理论贡献主要为以下三方面。

第一，依据社会交换理论的思路，证实了 CEO 的真实型领导风格对员工敬业度的氛围的中介影响以及雇佣关系作用，丰富了领导力与组织行为的研究内容。相关研究中，王桢等（2015）基于情感的视角，研究了变革型领导风格对于员工投入的积极作用，本章所研究的真实型领导与变革型领导既有一定的联系又有所区别。本章验证了真实型领导对员工敬业度具有正向影响，这一研究结果与国外 Hsieh 和 Wang（2015）的实证研究结果基本一致，但他们调查的是主管及其下属感知的真实型领导风格，本章调查的则是高层管理者（一般为副总）感知的 CEO 的真实型领导风格，因此在研究层面上有所不同。Braun 和 Nieberle（2017）及 Hirst 等（2016）分别检验了部门或团队层面的真实型领导风格对员工的工作-家庭增益和帮助行为的正向影响，这些研究都还未考虑到高层管理者，特别是 CEO 的真实型领导风格对员工态度与行为的影响。同时，本章还分析了组织层面的雇佣关系氛围在 CEO 的真实型领导风格与员工敬业度之间的中介作用，是对已有研究的有益补充。李召敏和赵曙明（2015）、刘冰等（2016）和 Xi 等（2017b）在研究中都发现雇佣关系氛围是领导与员工态度或行为之间的重要变量，他们分别验证了战略型领导、包容型领导以及 CEO 的关系导向行为都会通过影响雇佣关系氛围的中介作用来影响员工的组织承诺、满意度、离职倾向或主动行为。因此，从研究的层面和变量的选择来看，本章是在已有研究基础上的全新拓展。

第二，遵循高阶理论的逻辑，将组织层面的真实型领导行为、雇佣关系氛围和组织文化作为影响员工个人的工作敬业度与组织敬业度的重要变量展开跨层次研究，区别于 Scheepers 和 Elstob（2016）从个体层面以及 Hsieh 和 Wang（2015）从团队层面的实证研究，有利于发现影响员工敬业度的组织和情境因素，为相关的实证研究提供了新的思路。同时，关于组织-员工跨层次的研究，刘泱等（2016）和 Xi 等（2017a）分别对组织层面的合作伙伴关系实践以及高层管理者的战略型、包容型领导风格对员工态度与行为的影响机制展开了跨层次分析。本章同样采用组织-员工跨层次研究方法对新的研究问题进行了有益的探索和延伸。近年来，国内已有学者开始关注真实型领导对员工行为的影响，如韩翼和杨百寅（2011）验证了真实型领导对员工创新行为的影响，以及心理资本的中介作用和领导成员交换的调节作用；刘生敏和廖建桥（2015）通过 HLM 跨层次分析，验证了真实型领导对员工抑制性建言有积极影响作用，员工希望在其中起到正向调节作用。但是，关于真实型领导与员工敬业度的关系研究尚未引起研究者重视，本章的跨层次实证研究为此奠定了基础。

第三，从组织文化与雇佣关系氛围的视角，研究影响员工敬业度的组织与领导因素，拓宽了中国情境下的真实型领导、雇佣关系氛围与员工敬业度研究范畴。在不同类型的文化中，员工的心理与行为及其影响因素也会有所不同。Kwon 等（2016）通过实证研究验证了国家文化、组织氛围以及管理层-员工关系质量是影响员工工作敬业度的主要因素，本章的结论与其结果基本一致。但是，由于中国社会注重领导的德高望重与内外部的人际关系和谐，近年来从国家层面上特别强调组织的人性化管理、技术创新与社会责任承担，因此组织文化的内部整合性与外部适应性都是很重要的组织情境变量。同时，在国家越来越强调劳动者保护的今天，本章所选择的中介变量——雇佣关系氛围是企业与员工之间关系的调节阀，具有重要的研究价值。

3.5　企业管理启示

3.5.1　企业社会责任对员工敬业度的促进作用

本章采用案例研究方法对海底捞展开调研与分析，探究了企业社会责任促使员工敬业的内在机制，对于企业实践管理启示主要有以下三方面。

第一，海底捞在承担社会责任上有着较为先进的实践，在经济责任、法律责任、伦理责任、慈善责任四个层面上的具体表现：以顾客为中心的双赢策略、自觉遵纪守法、公平优待员工、主动关爱社会。该公司在伦理责任与慈善责任等高层次社会责任承担上表现更为突出，并且对于消费者和员工的责任承担也是比较独特的，这将为其他公司的企业社会责任实践提供参考。

第二，本章发现企业只有承担伦理责任和慈善责任等高层次的社会责任时，才能有效地促进员工敬业度的提升；若仅承担经济责任和法律责任，则不会对员工敬业度产生积极影响。因此，企业还需要更加重视承担更高层次的伦理责任和慈善责任，以提高企业社会责任实践的内部效果，为企业赢得竞争优势。

第三，本章发现公司的骨干员工之所以积极敬业，是因为公司为员工和社会承担了更多的责任，再加上员工认同组织的文化，因此对公司未来的发展和个人的前程都充满信心。由此可见，企业积极主动地承担社会责任有助于促进员工与组织之间心理契约的达成，从而使企业留住更多的骨干员工，也有利于吸引更多的优秀人员加入企业。

3.5.2　企业社会责任对员工感知雇佣关系及敬业度的积极影响

本章通过对 86 家企业的 781 名员工及其领导的配对数据进行实证分析，检验了企业社会责任对员工敬业度的跨层次影响，对于企业实践管理启示主要有以下三方面。

第一，企业应更主动地承担社会责任，这会给企业带来良好的内部效果，有利于提高员工与组织的社会交换感知，进而提高员工敬业度。

第二，企业在处理与员工的关系时，应不只是满足员工的经济利益需求，更应该注重员工的心理需要，促使员工形成与组织的社会交换关系，进而更加投入于组织和工作中，体现更高水平的敬业度。

第三，企业应重视对高层管理者真实型领导风格的培养。当高层管理者具有真实型领导风格时，员工对领导会更加信任、员工与领导的沟通会更加顺畅，这时企业的一系列举措更容易对员工产生好的影响，并且更容易为企业带来有利的内部效果。

3.5.3　真实型领导对雇佣关系氛围及员工敬业度的积极影响

在中国社会转型的关键时期，人们面临着传统观念的变革、价值体系坐标的调整等问题。从战略的角度来看，领导如何赢得员工的信任和忠诚，已经摆在了企业战略的核心位置。员工敬业度与组织期望的结果紧密相关，这使得企业不得不重视员工敬业度的问题，以期来提高组织的效率和效益（方来坛等，2010）。本章研究对企业实践有以下启示。

第一，在这个信息日益开放的社会，企业领导的一言一行都无形地影响着员工的思想和行为。在一个有真实型领导的企业中，员工对高层领导的了解更充分，领导与员工之间的沟通更真诚，员工得到的尊重和信任更多，因此在工作上会表现得更加积极和努力，表现出更高的工作敬业度和组织敬业度。鉴于此，企业应当重视对高层管理者真实型领导风格的测评与培养，促使其在自我意识、内化道德、关系透明和平衡信息加工等方面养成良好的行为习惯，有利于形成良好的组织文化和雇佣关系氛围，并提升员工的敬业度。

第二，为了促进员工的积极表现，企业的CEO等高层管理者应不断更新自我认知、提高道德标准、多倾听员工意见，并与各类员工保持开放、负责、诚实和清晰的社会交换关系，形成良好的雇佣关系氛围，以使员工获得足够的信息、资源和支持，并有利于在管理中实现互动的公平性，进而提高员工的工作敬业度和组织敬业度。

第三，加强组织文化建设，构建内部整合性和外部适应性较强的价值观体系，使企业在人际和谐、员工发展、顾客导向、勇于创新和社会责任等方面都能够有良好的表现，这将在很大程度上促进企业在内部产生和谐的雇佣关系氛围。虽然这种文化与氛围的形成需要管理者和员工付出较多的精力和时间，但是这种良好的氛围一旦形成，便将成为组织可持续性发展的竞争优势，且很难被复制，将对企业的健康与可持续发展大有裨益。

本 章 附 录

一、员工敬业度[①]

（一）工作敬业度

1. 我真的很"投入"我的工作。
2. 有时候我对工作太投入以至于都忘记了时间。
3. 这份工作非常耗费精力；我完全喜欢。
4. 当我工作的时候，我的思想经常走神，我想其他事情。
5. 我对这份工作非常投入。

（二）组织敬业度

6. 成为组织中的一员是很吸引人的。

---

① Saks A M. Antecedents and consequences of employee engagement[J]. Journal of Managerial Psychology, 2006, 21（7）: 600-619.

7. 对我来说，最令人兴奋的事情之一就是参与到这个组织的活动中来。

8. 我真的不喜欢这个组织里"正在发生的"事情。

9. 成为这个组织的一员让我"活了起来"。

10. 成为这个组织的一员让我感到振奋。

11. 我对这个组织非常投入。

二、员工感知雇佣关系[①]

1. 我与组织的关系完全是经济关系，我为组织工作，组织付我工资。

2. 我不在乎从长远看组织能为我做什么，我只在乎现在它能为我做什么。

3. 当我认为组织会为我付出更多时，我才想要为组织奉献得更多。

4. 我十分在乎的是，组织给予的回报与我的贡献相对应。

5. 我对组织的全部期望是，我的工作努力得到应有报酬。

6. 最能准确描述我工作情况的话是，我一天的工作对得起这一天的工资。

7. 我与组织的关系是不牵涉个人感情的——我在工作中很少投入感情。

8. 我按照组织的要求工作，仅仅因为组织给我开工资。

9. 组织已经付出很多来栽培我。

10. 目前我工作上的付出将有益于我在组织中的长远发展。

11. 在我与组织的关系中，有很多相互体谅和相互让步的时候。

12. 我担心我为组织付出的努力得不到回报。

13. 我不介意现在努力工作，因为我知道组织最终会回报我。

14. 我与组织的关系基于相互信任。

15. 我尽力寻求组织利益最大化，因为我可以依靠组织来照顾我。

16. 尽管我可能并不总是得到（公司）应得的认可，但我知道我的努力将来会得到回报的。

三、真实型领导[②]

（一）自我意识

1. 征求反馈意见以改善与他人的互动关系。

① Shore L M, Tetrick L E, Lynch P, et al. Social and economic exchange: construct development and validation[J]. Journal of Applied Social Psychology, 2006, (36): 837-867.

② Walumbwa F O, Avolio B J, Gardner W L, et al. Authentic leadership: development and validation of a theory-based measure[J]. Journal of Management, 2008, 34 (1): 89-126.

2. 准确地描述别人是如何看待他的能力的。

（二）关系透明

3. 清楚地表达自己的意思。
4. 在犯错的时候愿意承认错误。

（三）内化道德

5. 展示与行动一致的信念。
6. 基于他的核心信念做出决定。

（四）平衡信息加工

7. 希望得到与其立场不同的观点。
8. 在得出结论之前要仔细倾听不同的观点。

四、雇佣关系氛围[①]

1. 在公司中，员工能够充分发挥自己的知识和技能。
2. 员工对公司有一种归属感和承诺。
3. 员工能够以开放、坦率和建设性的方式讨论操作问题。
4. 员工之间保持融洽的关系，并愿意分享信息。
5. 各级员工都为自己建立高标准，并期望在工作中取得高效率。
6. 员工可以自由地与主管讨论与工作有关的问题。

五、企业文化[②]

（一）人际和谐

1. 促进员工之间的情感分享。
2. 强调团队建设。
3. 鼓励合作。
4. 相信员工。

---

① Ngo H Y, Lau C M, Foley S. Strategic human resource management, firm performance, and employee relations climate in China[J]. Human Resource Management, 2008, 47（1）: 73-90.

② Tsui A S, Zhang Z X, Wang H, et al. Unpacking the relationship between CEO leadership behavior and organizational culture[J]. The Leadership Quarterly, 2006, 17（2）: 113-137.

5. 培养合作精神。

6. 关注员工的个人成长与发展。

7. 考虑员工。

8. 关心员工的意见。

（二）顾客导向

9. 最大限度地满足顾客的需要。

10. 真诚的客户服务。

11. 顾客是第一。

12. 为客户提供一流的服务。

13. 非常强调顾客的利益。

（三）勇于创新

14. 不断开发新产品和新服务。

15. 准备好接受新的更改。

16. 大胆引进高新科技。

17. 鼓励创新。

（四）员工发展

18. 保持严格的工作纪律。

19. 有明确的奖惩标准。

20. 有完善的制度和规章制度。

21. 为员工设定清晰的目标。

（五）社会责任

22. 显示社会责任。

23. 具有服务于社会的使命感。

24. 注重经济效益和社会效益。

第4章 企业社会责任对员工行为的影响：基于多视角的跨层次分析

4.1 企业社会责任、组织信任与员工创新行为：调节焦点视角下的实证研究

在互联网经济、人工智能技术不断发展的背景下，创新正在改变全球竞争的传统格局，成为各国经济发展的重要引擎和企业持续成长的支撑战略（李懿等，2018）。党的十九届五中全会审议通过的《中共中央关于制定国民经济和社会发展第十四个五年规划和二〇三五年远景目标的建议》中提出，坚持创新在我国现代化建设全局中的核心地位，把科技自立自强作为国家发展的战略支撑。作为企业最重要的资本，员工创新能力是企业可持续发展的关键。从长远来看，员工创新会给企业带来质的变化，使得企业不断焕发新生。作为一种角色外行为，员工创新行为是指个体在工作中产生创意并付诸实践的行为（Anderson et al.，2014），在竞争高度激烈的市场环境中愈发受到企业管理者的关注。

企业社会责任已经被各种组织视为一种战略要素（Hur et al.，2018）。企业承担社会责任有助于提升企业绩效（黄林和朱芳阳，2018）、实现可持续发展（郑琴琴和陆亚东，2018），亦有助于提升员工绩效，促进员工表现更多的组织公民行为（刘远和周祖城，2015）和管家行为（颜爱民等，2020）等角色外行为。研究发现，员工创新行为与企业伦理背景密切相关（Glavas and Piderit，2009），但企业社会责任对员工创新行为的影响却尚未引起研究者重视，有待学者们深入探索（马苓等，2018a；Park et al.，2018）。已有研究验证了企业社会责任感知对员工创新行为的影响，未能有效体现组织层面差异（Park et al.，2018）。由于企业社会责任在本质上具有复杂性和多面性（Aguinis and Glavas，2012；Gond et al.，2017），员工创新行为又是包含多个阶段的过程（Scott and

Bruce，1994），故从跨层次角度进行探索具有现实意义。

　　"事无信不成，商无信不兴"，可见人们的信任对于企业的兴旺发展起着至关重要的作用。在企业内部，员工的行为与绩效表现在很大程度上与其对组织的信任有关。从社会交换理论视角来看，当一方得到另一方有形或无形的资源时，会自愿做出一定的回馈（Pivato et al.，2010）。信任是社会责任活动的直接或最接近的结果（Pivato et al.，2010），也是触发员工创新行为的关键因素（苏涛等，2017），因此组织信任可能是连接企业社会责任与员工创新行为的纽带。从员工的角度来看，信任与创新之间的关系在很大程度上还与员工个人因素有关。从行为的动机来看，个体都具有趋利避害的天性，这也符合心理学研究中的"进取−规避原则"。调节焦点理论不仅区别了个体行为的进取和规避两种特性，而且进一步描述了个体因调节焦点不同而出现行事过程中的重要差异（Higgins，1997）。因此，员工创新行为的形成过程也会受到工作调节焦点的影响。

　　通过梳理文献发现，已有学者研究了企业社会责任对员工建言行为（Liu et al.，2021）、管家行为（颜爱民等，2020）、环保行为（Tian and Robertson，2019）、帮助行为（Shen and Benson，2016）等积极行为的促进作用。此外，周念华等（2021）从员工感知企业社会责任的研究视角出发，验证了个体层面的企业社会责任感知对员工创新行为的影响。本节基于社会交换理论和调节焦点理论，采用跨层次分析方法，揭示组织层面的企业社会责任实践对员工创新行为的影响机制，以及组织信任和工作调节焦点在两者关系之间的作用，为企业社会责任与人力资源管理实践提供参考。

4.1.1　理论基础与研究假设

1. 企业社会责任与员工创新行为

　　Sheldon（1924）首次提出企业社会责任是指企业不能仅把最大限度地为股东盈利或赚钱作为唯一存在目的，还须最大限度地保障其他利益相关者的利益。基于此，Carroll（1979）提出，企业社会责任是社会在一定时期对企业提出的经济、法律、伦理和慈善期望。经济责任是社会要求企业做到的，如盈利最大化、制定明智的战略决策等；法律责任也是社会要求企业做到的，如遵守法律、履行合同义务等；伦理责任是社会期望企业做到的，如避免不正当行为、做道德表率等；慈善责任是社会希望企业做到的，如企业捐款、志愿活动等，由此形成了自下而上的"金字塔模型"。其中，经济责任和法律责任是社会责任的基础，慈善责任则位于金字塔的顶端，属于高层次的社会责任（Carroll，1979；李姝等，2019）。

员工创新在提升竞争力、实现组织可持续发展中起着关键的作用（王弘钰和于佳利，2022）。在企业管理领域，鼓励员工创新，激发员工创新活力已经是大多数组织的共识（秦许宁等，2022）。Scott 和 Bruce（1994）将员工创新行为定义为个体在工作过程中产生关于产品、技术和服务等方面的新构想并将其付诸实践的行为。已有研究发现，员工创新与企业伦理背景密切相关（Glavas and Piderit，2009），组织道德被员工视为评估组织工作环境与氛围的重要线索（Valentine and Varca，2010）。一方面，注重组织伦理的企业更有可能为员工提供自由开放的工作环境，激励员工跳出传统思维模式，培养其对失败的容忍度，以激发员工创新构想产生的内在动机（Chen et al.，2016）。另一方面，企业注重伦理道德有助于在组织内培养一种关爱互助的氛围，与员工发展互惠互利的关系，让员工为了共同利益而对公司的产品、服务和管理等实践提出创新性想法（李懿等，2018）。

近些年，部分学者通过实证研究，验证了企业社会责任感知对员工创新行为、员工创造力的影响。Park 等（2018）研究指出员工及消费者感知的企业社会责任对员工创新行为有显著的积极影响，而针对社会和环境的企业社会责任感知对员工创新行为没有显著影响。周念华等（2021）从责任伦理的视角出发，基于671 名家族企业员工的调查发现，员工感知的社会责任会对员工创新行为产生正向影响。Ahmad 等（2022）基于社会认同理论，以 461 名酒店行业员工作为研究对象，发现企业社会责任感知正向影响员工创造力。企业社会责任政策和指导方针始于组织层面，是影响员工行为的更广泛的制度环境的关键组成部分（Greenwood and van Bruen，2010），因此本节构建跨层次分析模型，以期得到更加理想的研究结果。

如果企业社会责任在经济、法律、伦理和慈善四个方面都被认为是到位的，这可以作为公司诚实的信号。因此，企业社会责任的每个维度都可能对员工创新行为产生影响。企业承担经济责任会向员工传递企业经济效益良好、就业机会有保障等信息，员工不必担心由于企业经营状况不好而失业；承担法律责任会向员工传递企业具有合法性等相关信息，使员工相信企业不存在非法经营情况而导致自己承担法律风险；承担伦理责任有利于向员工展现企业注重伦理标准，使员工明确自己所在的企业是讲求伦理的；承担慈善责任会向员工树立积极仁善的形象，使员工相信企业愿意投入资源解决社会问题。已有研究发现，注重组织伦理的企业更有可能为员工提供自由开放的工作环境，提高员工创新行为（Chen et al.，2016）。基于以上分析，从组织-员工跨层次的角度提出如下假设。

$H_{4.1}$：企业社会责任与员工创新行为正相关。

$H_{4.1a}$：经济责任与员工创新行为正相关。

$H_{4.1b}$：法律责任与员工创新行为正相关。

H$_{4.1c}$：伦理责任与员工创新行为正相关。

H$_{4.1d}$：慈善责任与员工创新行为正相关。

2. 组织信任在企业社会责任与员工创新行为之间的中介作用

信任是社会关系的基础。组织信任作为组织与员工之间关系的枢纽，是指即使无法监控组织，员工对组织的行为依旧持有积极预期并愿意为此承担风险的意愿（Greenwood and van Bruen，2010）。组织是员工利益的"受托人"，员工会密切关注组织的行为，企业履行社会责任有助于向员工表明企业的道德立场（Farooq et al.，2014）。企业社会责任有一种内在的能力来引导组织和员工之间的社会交换过程，进而影响员工的态度和行为（Farooq et al.，2014）。互惠是社会交换理论的本质，而信任是直接和间接互惠最重要的结果（Ekeh，1974）。Yan 等（2022）基于利益相关者理论，实证检验了员工的企业社会责任举措有助于企业建立员工信任。企业履行全面的社会责任，有助于树立良好的组织形象，获得社会的认可和表扬，从社会交换的角度来看，企业向员工和社会表明自身的道德立场及观念，从而在组织中建立信任。因此，企业社会责任会对员工的组织信任产生重要影响。

企业积极履行经济责任意味着经营状况良好、就业机会有保障，使员工没有收入风险和心理负担，有利于提升员工对企业的信任程度。承担法律责任是企业获取和维持合法性的重要手段（Suchman，1995），当员工在拥有合法性的企业里工作时，不必担心工作过程中会有法律风险，因此会加深员工对组织的信任。企业承担伦理责任会向外界传递企业遵守道德的信息，向员工传达"未来公司会采用谦和关怀的态度对待自己"的信号，从而会增加员工对组织的信任（Hansen et al.，2011）。企业的慈善支出会促使员工对组织及其领导者的可信度形成良好的印象。基于以上分析，提出以下假设。

H$_{4.2}$：企业社会责任与组织信任正相关。

H$_{4.2a}$：经济责任与组织信任正相关。

H$_{4.2b}$：法律责任与组织信任正相关。

H$_{4.2c}$：伦理责任与组织信任正相关。

H$_{4.2d}$：慈善责任与组织信任正相关。

员工创新行为是一种高风险的活动。一方面，由于创新意味着打破旧有规则，创新的过程可能触动组织中的其他利益群体，为保证企业稳健发展，组织未必鼓励和接纳员工提出的创新构想，提出创新构想的员工可能还会引起组织内其他群体的报复（Rank et al.，2004）。另一方面，即使组织接受员工的创新构想，也无法保证该创新构想的实施一定成功，并为企业带来积极的影响。已有实证研究表明，员工对组织的信任促使员工主动提出创造性改进建议，以促进组织创新

（Lee et al.，2019）。还有研究发现，信任组织的员工更愿意承担风险，从而促进创新行为的发生；而如果员工失去对组织的信任，则倾向于自保防卫（Colquitt et al.，2007），从而抑制在工作中的创新行为。基于以上分析，提出以下假设。

$H_{4.3}$：组织信任与员工创新行为正相关。

社会交换的基础是信任，即员工在信任组织的情况下，更容易产生交换行为。已有研究发现，员工的企业社会责任感知通过组织信任影响其在组织内的态度和行为（Rupp et al.，2006）。Hansen 等（2011）指出信任是企业社会责任感知影响员工态度和行为的主要机制，并在实证研究中发现：企业社会责任感知通过组织信任正向影响组织公民行为，且负向影响员工离职。Ghosh（2018）通过调查研究发现，企业社会责任感知通过组织信任正向影响员工的组织认同。Archimi 等（2018）基于社会交换理论，验证了组织信任在经济、法律、伦理和慈善等企业社会责任维度与犬儒主义之间的中介作用。Kim 等（2022）探讨企业社会责任对员工消极行为的影响，实证研究发现企业社会责任会通过提高员工的组织信任来降低反生产行为。员工作为组织重要的利益相关者之一，与组织的关系本质上是一种社会交换关系。社会交换理论认为，企业主动承担社会责任，会增强员工对组织的信任，形成更积极主动的情感和态度，因而展现出更多的角色外行为回报组织。因此，本节认为企业履行社会责任会通过提高员工对组织的信任来促进其表现出更多的创新行为。

企业伦理责任的承担向员工展现企业注重伦理标准，使员工明确自己所在的企业是提倡伦理道德行为的；企业慈善责任的承担向员工树立积极仁善的形象，使员工相信企业愿意投入资源解决社会问题，有助于组织与员工发展互惠互利的交换关系，进而为了共同利益而对公司的产品、服务、程序和管理等提出创新性想法并推动创新实践。信任作为组织与员工交换关系的主要枢纽，是维系组织与员工关系的有效手段。并且，员工对组织的信任越强，越敢于挑战冒险、尝试多种方法解决问题，从而展现更多的创新行为。基于以上分析，本节从组织-员工的跨层次角度提出以下研究假设。

$H_{4.4}$：组织信任在企业社会责任与员工创新行为之间起到中介作用。

$H_{4.4a}$：组织信任在经济责任与员工创新行为之间起到中介作用。

$H_{4.4b}$：组织信任在法律责任与员工创新行为之间起到中介作用。

$H_{4.4c}$：组织信任在伦理责任与员工创新行为之间起到中介作用。

$H_{4.4d}$：组织信任在慈善责任与员工创新行为之间起到中介作用。

3. 工作调节焦点在组织信任与员工创新行为之间的调节作用

调节焦点理论常常用来解释个体由于趋利避害的考虑而出现的行事风格的差异（Higgins，1997）。该理论认为，个体存在促进型和防御型两种类型的自我调节倾向，前者调节积极结果，帮助个体满足成长需求，引导个体采取进取策略，通过追求成功达到期望状态，从而获取进步、成长和成就；后者调节消极结果，帮助个体满足安全需求，引导个体采取规避策略，通过避免失败达到期望状态，履行基本职责，从而获得安全感（曹元坤和徐红丹，2017）。防御型调节焦点系统不注重追求成就和"理想自我"，而是强调"本我"，在自我规制中更关注应尽的责任和义务（何文心和刘新梅，2021）。

Lee 等（2019）以韩国企业的 65 个工作小组为样本，探究组织认同与团队创造力的关系，发现组织认同对团队创造力的直接影响并不显著，但考虑工作调节焦点的调节作用时，两者关系加强。具体而言，在促进调节焦点倾向更突出的团队中，组织认同对团队创造力具有正向影响；在防御调节焦点倾向更突出的团队中，组织认同对团队创造力的影响不显著。Chen 等（2022）基于调节焦点理论，探讨组织认同和创新行为之间关系，指出工作促进型调节焦点和工作防御型调节焦点是激励或抑制员工创新的两种并行机制。苏伟琳和林新奇（2022）基于社会交换理论，探讨了建设性上级反馈与下属创新行为的关系，指出工作调节焦点的调节作用使两者关系加强。基于调节焦点理论，当员工具有促进型调节焦点倾向时，对组织越信任越能感知到组织宽容自由的工作氛围，因此会争取获得最大产出，强调与组织互利共赢、共同进步，在工作中表现出更多的创新行为；当员工具有防御型调节焦点倾向时，对组织越信任，越可能相信组织的决策，因此会避免风险，强调稳定发展，不愿尝试新方法，从而减少工作中的创新行为。可见，工作调节焦点可能会影响组织信任与员工创新行为的关系。基于以上分析，提出以下假设。

H$_{4.5}$：工作调节焦点正向调节组织信任和员工创新行为之间的关系，即当员工促进型调节焦点倾向更突出时，组织信任对员工创新行为的正向影响更强。

基于以上理论分析，提出本节的研究假设模型。本节的理论框架如图 4.1 所示。

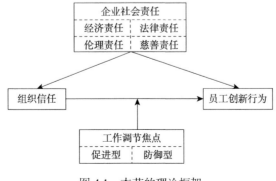

图 4.1　本节的理论框架

4.1.2　研究方法

1. 样本收集

本节利用学校MBA教育平台资源对北京、天津、河北等省市的103家企业进行深度调研。主要围绕组织层面的企业社会责任和个体层面的组织信任、员工创新行为及工作调节焦点等主要变量展开问卷调查。

企业社会责任属于组织层面，因此选择中高层管理者为调查对象；组织信任、员工创新行为及工作调节焦点变量属于个体层面，以普通员工为调查对象。数据收集采用现场调研和网络问卷相结合的方式。其过程是向一家企业发放 1 份高管问卷和 10 份员工问卷。数据收集工作分别在两个时间进行，两个时间点间隔半个月至一个月时间，每次发放问卷确保一周内收回。最终组织层面回收 103 份调查问卷，个体层面回收 1 030 份调查问卷，剔除部分无效问卷后，组织层面有效问卷为 93 份，有效率 90.29%，个体层面有效问卷为 955 份，有效率 92.72%。

调研样本企业主要有以下特征：企业规模大多在 101~500 人，占 27.96%；企业类型大多属于国有企业，占 58.07%；企业所属行业大多是现代服务业，占 33.33%。调研样本员工主要有以下特征：性别方面，男性占 53.51%，女性占 46.49%；年龄方面，30 岁以下居多，占 37.49%；受教育程度方面，全日制本科毕业居多，占 51.62%；工作年限方面，3 年以下居多，占 30.37%；管理/技术层级方面，基层/初级员工居多，占 46.18%。

由于组织信任、员工创新行为和工作调节焦点由同一名调研对象提供，为避免共同方法偏差对研究结果的影响，本节参考周浩和龙立荣（2004）的研究：①在正式调研前，向被调研对象强调本次调研采取匿名方式，对调研结果及个人信息严格保密；②采用 Harman 单因子检验法来测量共同方法偏差，探索性因子分析结果表明所有题项可析出 5 个因子，解释总变量变异的 71.54%，第一个因子解释变量占比为 29.61%，小于 40%，这表明本节在一定程度上避免了共同方法偏差问题。

2. 变量测量

本节采用国内外研究中应用较多的成熟量表，并通过双向翻译，以最大限度提高概念及其含义的准确性。此外，向学术界的教授学者及企业管理者进行咨询，结合其意见建议，进一步修改完善，并最终生成正式问卷。

企业社会责任：采用 Maignan 和 Ferrell（2001）开发的量表，该量表共有 4 个维度，16 个题项：①经济责任，如"公司致力于争取利润最大化"；②法律责任，如"公司确保员工在法律规定的标准下工作"；③伦理责任，如"公司即使对经济效益造成负面影响，也要考虑伦理要求"；④慈善责任，如"公司帮助解决社会问题"。在本节中，该量表的 Cronbach's α 系数为 0.877。

组织信任：采用 Robinson（1996）开发的量表，该量表是单维度，7 个题项，如"我完全相信公司的决策"。在本节中，该量表的 Cronbach's α 系数为 0.949。

员工创新行为：采用黄致凯（2004）开发的量表，该量表共有 2 个维度，12 个题项：①创新构想产生，如"我会主动寻找可以改善公司、部门、工作流程或服务等的机会"；②创新构想实施，如"我会冒一定的风险以支持新方法"。在本节中，该量表的 Cronbach's α 系数为 0.961。

工作调节焦点：采用 Neubert 等（2008）开发的量表，该量表共包括 2 个维度，18 个题项：①促进型调节焦点，如"在工作中，我会抓住一切机会来最大化我的成长目标"；②防御型调节焦点，如"为了获得工作安全感，我专注于正确地完成工作任务"。在本节中，该量表的 Cronbach's α 系数为 0.944。本节按照 Lockwood 等（2002）的做法，将促进型调节焦点得分减去其防御型调节焦点得分作为员工的工作调节焦点分数，该分数越高表明员工促进型调节焦点倾向更突出，该分数越低表明员工防御型调节焦点倾向更突出。

控制变量：考虑到其他可能影响员工创新行为的因素，本节基于已有研究成果和调研的实际情况，选择了两个层面的控制变量：①个体层面的变量，包括性别、年龄、受教育程度、工作年限及管理/技术层级；②企业层面的变量，包括企业类型、企业所属行业及企业规模。选择这些控制变量的原因在于：已有研究发现员工的性别、年龄、受教育程度、工作年限及管理/技术层级，这些人口特征是员工创新行为研究的重要控制变量（张振刚等，2016）；由于企业类型、企业所属行业及企业规模的不同对员工创新的要求有所不同，本节对企业类型与所属行业这两个企业层面的变量进行了控制。考虑到性别、企业类型及所属行业等属于分类变量，因此在回归分析中对其进行了虚拟变量的处理。

4.1.3　数据分析与结果

1. 描述性统计

为了检验企业社会责任、组织信任、员工创新行为和工作调节焦点的区分效度，本节利用 AMOS 21.0 软件进行验证性因子分析，具体结果如表 4.1 所示。由表 4.1 可知，组织层面的单因子模型拟合度良好（χ^2=88.411，df=57，RMSEA=0.077，IFI=0.950，TLI=0.930，CFI=0.949）；个体层面的三因子模型的拟合度良好（χ^2=3 020.965，df=612，RMSEA=0.064，IFI=0.922，TLI=0.915，CFI=

0.922），并优于其他备选模型，说明变量的区分效度良好。

表 4.1　量表的效度检验

层面	变量	χ^2	df	RMSEA	IFI	TLI	CFI
组织层面	单因子模型	88.411	57	0.077	0.950	0.930	0.949
个体层面	单因子模型	7 593.091	615	0.109	0.773	0.754	0.773
	双因子模型	6 188.771	614	0.098	0.819	0.803	0.819
	三因子模型	3 020.965	612	0.064	0.922	0.915	0.922

注：组织层面的单因子模型为企业社会责任；个体层面的单因子模型为组织信任+员工创新行为+工作调节焦点；双因子模型为组织信任+员工创新行为、工作调节焦点；三因子模型为组织信任、员工创新行为、工作调节焦点

表 4.2 列出了研究变量的均值、标准差与相关系数。可见，组织信任与员工创新行为显著正相关（$r=0.687$，$p<0.01$）；组织信任与工作调节焦点显著正相关（$r=0.028$，$p<0.05$）；员工创新行为与工作调节焦点显著正相关（$r=0.132$，$p<0.01$）。并且企业社会责任、组织信任、员工创新行为和工作调节焦点等量表的 Cronbach's α 值均高于可接受水平 0.7，四个量表均具有较好的信度。这为本节的开展提供了重要的分析依据。

表 4.2　变量的均值、标准差与相关系数

变量	均值	标准差	1	2
个体层面				
1. 组织信任	6.041	1.007		
2. 员工创新行为	5.977	0.878	0.687**	
3. 工作调节焦点	−0.696	0.627	0.028*	0.132**
组织层面				
4. 企业社会责任	5.989	0.747		

**表示 $p<0.01$，*表示 $p<0.05$

注：个体层面（$N=955$）、组织层面（$N=93$）

2. 企业社会责任对组织信任及员工创新行为的作用检验

由于企业社会责任对组织信任及员工创新行为的影响效应涉及跨层次数据，本节运用 HLM 和 SPSS 进行跨层次分析方法来验证假设。在验证前，需要对其进行零模型检验，以计算组内相关系数 ICC（1）来确认是否有必要进行多层级分析。首先，使用 HLM 分别估计组织信任和员工创新行为的零模型，得到分析结果并计算出组内方差 ICC（1）分别是 0.166 和 0.178，均大于 0.06，因此有必要进

行多层级分析。本节参考 Zhang 等（2009）和方杰等（2010）的跨层次中介效应检验方法，此外，加入了对控制变量的检验，操作步骤如下：①检验零模型假设；②检验控制变量对因变量的直接效应；③检验自变量对因变量的直接效应；④检验中介变量对因变量的直接效应；⑤检验自变量和中介变量同时对因变量的作用效应。检验结果见表 4.3。

表 4.3　企业社会责任对组织信任及员工创新行为影响的跨层次作用检验

变量		组织信任		员工创新行为			
		模型 1	模型 2	模型 3	模型 4	模型 5	模型 6
层次 2	截距项	4.492*** (0.438)	4.514*** (0.460)	4.616*** (0.423)	2.076*** (0.297)	4.551*** (0.501)	2.001*** (0.328)
	企业类型	0.006 (0.041)	0.026 (0.042)	0.007 (0.036)	0.004 (0.027)	0.019 (0.035)	0.005 (0.027)
	所属行业	0.011 (0.022)	0.001 (0.023)	0.031 (0.022)	0.024 (0.016)	0.027 (0.023)	0.026 (0.017)
	企业规模	0.004 (0.025)	0.009 (0.024)	−0.018 (0.023)	−0.020 (0.017)	−0.012 (0.023)	−0.017 (0.017)
	企业社会责任	0.355*** (0.061)		0.295*** (0.059)	0.093** (0.035)		
	经济责任		−0.023 (0.057)			−0.005 (0.052)	0.008 (0.034)
	法律责任		0.046 (0.046)			0.044 (0.047)	0.017 (0.032)
	伦理责任		0.175* (0.073)			0.165* (0.063)	0.065 (0.042)
	慈善责任		0.139** (0.048)			0.087+ (0.045)	0.008 (0.031)
层次 1	性别	−0.022 (0.072)	−0.016 (0.073)	−0.071 (0.063)	−0.063 (0.047)	−0.069 (0.063)	−0.063 (0.047)
	年龄	−0.016 (0.033)	−0.019 (0.033)	−0.031 (0.031)	−0.021 (0.020)	−0.033 (0.031)	−0.022 (0.021)
	受教育程度	−0.213*** (0.044)	−0.216*** (0.044)	−0.147 (0.035)	−0.027 (0.023)	−0.148 (0.035)	−0.027 (0.023)
	工作年限	−0.067+ (0.036)	−0.062+ (0.036)	−0.014 (0.035)	0.024 (0.023)	−0.012 (0.029)	0.024 (0.023)
	管理层级	0.091* (0.038)	0.096* (0.038)	0.083* (0.037)	0.031 (0.030)	0.085* (0.037)	0.030 (0.030)
	组织信任				0.567*** (0.031)		0.566*** (0.031)
	δ^2	0.828	0.829	0.629	0.370	0.628	0.370
	τ_{00}	0.078	0.073	0.075	0.034	0.074	0.035
	χ^2（df）截距	170.552***	160.037***	192.197***	168.837***	185.575***	167.058***
	模型差异	2 628.449	2 637.551	2 378.381	1 872.527	2 389.918	1 884.774

***表示 $p<0.001$，**表示 $p<0.01$，*表示 $p<0.05$，+表示 $p<0.1$

关于企业社会责任及其维度对员工创新行为直接作用的检验结果，由表 4.3 中的模型 3 可知，企业社会责任对员工创新行为有显著的正向影响（$\beta=0.295$，$p<0.001$），因此 $H_{4.1}$ 得到支持。由模型 5 可知，经济责任对员工创新行为没有显著的正向影响（$\beta=-0.005$，$p>0.1$），因此 $H_{4.1a}$ 未得到支持；法律责任对员工创新行为没有显著的正向影响（$\beta=0.044$，$p>0.1$），因此 $H_{4.1b}$ 未得到支持；伦理责任对员工创新行为有显著的正向影响（$\beta=0.165$，$p<0.05$），因此 $H_{4.1c}$ 得到支持；慈善责任对员工创新行为有显著的正向影响（$\beta=0.087$，$p<0.1$），因此 $H_{4.1d}$ 得到支持。

关于企业社会责任对员工创新行为作用的检验结果，由表 4.3 中的模型 1 可知，企业社会责任对组织信任有显著的正向影响（$\beta=0.355$，$p<0.001$），因此 $H_{4.2}$ 得到支持。将企业社会责任划分为经济责任、法律责任、伦理责任和慈善责任四维度，由模型 2 可知，经济责任对组织信任没有显著的正向影响（$\beta=-0.023$，$p>0.1$），因此 $H_{4.2a}$ 未得到支持；法律责任对组织信任没有显著的正向影响（$\beta=0.046$，$p>0.1$），因此 $H_{4.2b}$ 未得到支持；伦理责任对组织信任有显著的正向影响（$\beta=0.175$，$p<0.05$），因此 $H_{4.2c}$ 得到支持；慈善责任对组织信任有显著的正向影响（$\beta=0.139$，$p<0.01$），因此 $H_{4.2d}$ 得到支持。

关于组织信任对员工创新行为作用的检验结果，由表4.4中的模型2可知，组织信任对员工创新行为有显著的正向影响（$\beta=0.590$，$p<0.001$），因此 $H_{4.3}$ 得到支持。由表4.3中的模型4可知，加入组织信任变量之后，与模型3比较，企业社会责任对员工创新行为的回归系数从 0.295 降到了 0.093，但仍然显著。因此，组织信任在企业社会责任与员工创新行为之间起着部分中介作用，$H_{4.4}$ 得到支持。

表 4.4　工作调节焦点在组织信任和员工创新行为之间调节作用的检验结果

变量	模型 1	模型 2	模型 3	模型 4
1. 控制变量				
性别	-0.119^{*} （0.056）	-0.084^{*} （0.042）	-0.076 （0.041）	-0.078 （0.041）
年龄	-0.032 （0.030）	-0.021 （0.023）	-0.013 （0.022）	-0.015 （0.022）
受教育程度	-0.193^{***} （0.031）	-0.038 （0.024）	-0.033 （0.024）	-0.035 （0.024）
工作年限	-0.009 （0.029）	0.022 （0.022）	0.023 （0.021）	0.025 （0.021）
管理/技术层级	0.120^{**} （0.039）	0.033 （0.029）	0.016 （0.029）	0.014 （0.029）
2. 自变量				
组织信任		0.590^{***} （0.021）	0.589^{***} （0.021）	0.590^{***} （0.021）

变量	模型 1	模型 2	模型 3	模型 4
3. 调节变量				
工作调节焦点			0.153^{***} （0.033）	0.167^{***} （0.033）
4. 交互项				
组织信任 ×工作调节焦点				0.081^{*} （0.033）
常数项	6.541^{***} （0.152）	6.130^{***} （0.113）	6.123^{***} （0.112）	6.131^{***} （0.112）
R^2	0.046	0.476	0.488	0.491
ΔR^2	0.046	0.430	0.012	0.003
F 值	9.098	143.793	129.048	114.224
ΔF	9.098^{***}	779.930^{***}	21.721^{***}	5.840^{*}

***表示 $p<0.001$，**表示 $p<0.01$，*表示 $p<0.05$

进一步来看，由表 4.3 中的模型 6 可以看出，组织信任在经济责任与员工创新行为之间未起到中介作用（$\beta=0.008$，$p>0.1$），因此 $H_{4.4a}$ 未得到支持；组织信任在法律责任与员工创新行为之间未起到中介作用（$\beta=0.017$，$p>0.1$），因此 $H_{4.4b}$ 未得到支持；模型 6 在加入组织信任后，与模型 5 对比，伦理责任对员工创新行为的回归系数从 0.165 降到了 0.065，由显著变为不显著。因此，组织信任在伦理责任与员工创新行为之间起到完全中介作用，$H_{4.4c}$ 得到支持。慈善责任对员工创新行为的回归系数从 0.087 降到了 0.008，由显著变为不显著。因此，组织信任在慈善责任与员工创新行为之间起到完全中介作用，$H_{4.4d}$ 得到支持。

3. 工作调节焦点的调节作用检验

关于工作调节焦点在组织信任与员工创新行为之间调节作用的检验结果，如表 4.4 中的模型 3 所示，工作调节焦点对员工创新行为有显著的正向影响（$\beta=0.153$，$p<0.001$）。同时，由模型 4 可见，组织信任与工作调节焦点的交互项对员工创新行为有显著正向影响（$\beta=0.081$，$p<0.05$），并且 ΔR^2 变化显著（$\Delta F=5.840$，$p<0.05$）。由此可见，工作调节焦点在组织信任对员工创新行为的影响中起到显著的正向调节作用，即当员工促进型调节焦点倾向更突出时，组织信任对员工创新行为的正向影响更强，因此 $H_{4.5}$ 得到支持。

为了更详细地阐述工作调节焦点在组织信任与员工创新行为之间的调节作用，我们绘制了工作调节焦点的调节效应图，如图 4.2 所示。由图 4.2 可知，员工促进型调节焦点倾向越突出，组织信任对员工创新行为的影响越强；员工防御型调节焦点倾向越突出，组织信任对员工创新行为的影响越弱。

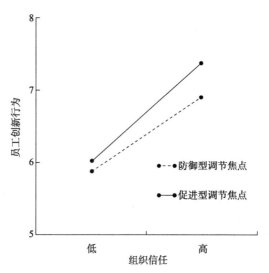

图 4.2　工作调节焦点在组织信任和员工创新行为之间的调节作用

4.2　企业社会责任、员工道德效能感与非伦理行为：社会学习视角下的实证研究

　　自 2020 年初以来，随着新冠疫情的暴发和蔓延，许多企业义不容辞地承担社会责任。例如，各行各业捐款捐物、驰援抗疫一线，平台企业嵌入"疫情防控"界面、提供大数据服务等。良好的社会责任表现意味着企业具有一定的"道德意识"（黄艺翔和姚铮，2015），彰显了企业具备良好的商业伦理。作为一种重要的组织情境因素，企业社会责任不仅可以增加社会福祉，还对员工有较强的道德指引作用，从而影响员工行为（Supanti and Butcher，2019）。已有学者研究了企业社会责任对员工管家行为（颜爱民等，2020）、建言行为（Liu et al.，2021）、绿色行为（AlSuwaidi et al.，2021；张娜等，2021）、环保行为（Tian and Robertson，2019）、帮助行为（Shen and Benson，2016）等正面行为的促进作用。还有一些学者分析了企业社会责任对员工反生产行为等负面行为的抑制作用（王娟等，2017；王哲和张爱卿，2019），但是关于企业社会责任对其他负面行为的防范和抑制作用有待进一步探索。

　　随着企业内部消极怠工、职场欺凌、伪造数据等负面事件频发，员工的非伦理行为受到商业界和学术界的广泛关注。员工非伦理行为指的是员工实施的违反广为接受和认可的道德准则，无法被社会大众所接受的行为（Trevino，1986）。这种行为不仅会损害组织利益并对他人造成伤害，更会在组织内部传播开来，进而给组织造成更大的损失（Treviño et al.，2006）。那么，企业社会责任作为一种重要的组织伦理实践，是否会对员工非伦理行为产生抑制作用，作用机制如何，受哪些情境因素影响，本节针对这些问题展开深入分析和探索。

根据社会学习理论，道德榜样可以通过良好的道德示范来有效减少追随者从事非伦理行为的倾向（Mayer et al.，2009）。一个积极承担社会责任的企业可能会成为员工在遇到道德困境时学习的典范，从而在一定程度上减少员工从事非伦理行为的倾向。道德效能感指的是当个体面对道德困境时，有勇气采取行动以强化道德信念并实现道德目标的能力（May et al.，2014）。道德效能感与个体所处的环境密切相关，因此在不同的情境下，个体可能有不同的道德效能感（Hannah and Avolio，2010）。还有研究发现，道德效能感高的个体做出非伦理行为的可能性更低（Hannah et al.，2011a）。在企业积极履行社会责任的道德示范作用下，个体的道德效能感会得到显著提升，更可能把道德判断和道德倾向转化为道德行为（Afsar et al.，2019），从而避免产生非伦理行为。

同时，组织中的领导者拥有较高的地位和权威，他们更有可能成为追随者的榜样（Su et al.，2020）。责任型领导是通过平等对话与民主协商的方式来化解各利益相关者的利益冲突，并与他们建立互利共赢关系的领导过程（Voegtlin，2011），在塑造员工态度和行为方面发挥着积极作用（Haque et al.，2019）。在责任型领导的影响下，员工通过观察、模仿和内化领导者的价值观，来改变自身的认知（Yang，2019）。因此，在责任型领导的榜样作用下，企业的社会责任实践更能激发员工的道德认知，使员工更加有信心应对并解决伦理道德问题，其道德效能感得到进一步加强，从而抑制非伦理行为的发生。

综上，本节基于社会学习理论，探讨企业社会责任对员工非伦理行为的跨层次影响，进一步探索责任型领导作为边界条件，企业社会责任如何通过提升员工道德效能感，进而抑制员工非伦理行为。研究结论将有利于丰富企业社会责任影响员工非伦理行为的内在机制研究，深化对二者之间作用机制及边界条件的认识，为企业如何通过履行社会责任来抑制员工非伦理行为提供理论依据。

4.2.1　理论基础与研究假设

1. 企业社会责任与员工非伦理行为

企业应积极承担社会责任，在追求自身利益的同时改善整个社会的福利。

Carroll（1979）从企业应该履行什么责任的角度出发，构建了企业社会责任金字塔模型，由下到上依次为经济、法律、伦理和慈善责任。其中，经济责任与法律责任满足了社会与法律的基本要求，体现了关于公平正义的伦理规范，伦理责任与慈善责任不仅符合广义上被大众所期望的伦理规范，还反映了企业自愿成为一个良好的"企业公民"而对社会做出贡献（Carroll，1991）。随着经济的快速发展和社会的不断进步，企业在履行较低层次的经济责任和法律责任的同时，更要承担较高层次的伦理责任与慈善责任。也就是说，企业应当履行综合责任而不是部分责任（周祖城，2011），这些履责行为都会对员工起到道德示范作用。社会学习理论认为，行为的规范标准可以通过社会学习的过程传递给员工，如果员工认同某些行为，就会在他们的行动中模仿这些行为，从而改变自身的行为规范（Bandura and Walters，1977）。

近年来，随着媒体对企业负面事件的曝光，员工非伦理行为成为制约商业伦理发展的重要因素。已有研究表明，组织行为准则、组织监督、组织压力三个组织因素会通过加强员工的伦理态度，进而负向影响员工的非伦理动机（Lin et al.，2018）。此外，伦理型领导（Paterson and Huang，2019）和组织伦理氛围（Kuenzi et al.，2020）等组织因素也会对员工非伦理行为产生负向影响。企业积极承担社会责任反映了其强烈服务和回馈社会的道德意识和伦理动机，也向员工传达了一种行为示范（Evans et al.，2010），而这种行为示范会通过社会学习的过程传递给员工（Porter and Kramer，2006）。从社会学习理论来看，个体行为大多是通过观察学习习得的，即人们通过学习榜样的行为示范，观察、模仿和学习他人的行为，而后随之改变自身行为（Bandura and Walters，1977）。行为的标准规范会通过社会学习的过程传达给员工，进而使员工塑造自身的行为（Evans et al.，2010）。

根据社会学习理论，企业采取一系列社会责任实践，会对员工形成道德示范作用。员工通过有意或无意地观察学习周围的榜样行为，对企业社会责任有更强的感知，更有可能实施与企业社会责任相一致的积极行为（Evans et al.，2010）。因此，在企业社会责任的道德示范效应下，员工会在工作中模仿这些行为，从而有效减少从事非伦理行为的倾向，同时纠正自己不符合伦理规范的行为。基于以上分析，提出如下假设。

$H_{4.6}$：企业社会责任与员工非伦理行为负相关。

2. 道德效能感的中介作用

道德效能感，作为个体在伦理道德方面独特的效能感，是对个体在面临伦理困境时能否准确识别出相应的伦理问题，并以符合伦理规范的方式去行事的自我评估。Avolio 和 Gardner（2005）认为通过不断强化个体的道德认知可以提升个体的道德效能感。已有研究发现，道德效能感与个体所处的环境密切相关，包括人（如同事、追随者和主管）、规章制度、管理过程等一系列因素，这些因素可以强化一个人采取道德行为的动机（Hannah and Avolio，2010）。个体的道德效能感具有可塑性和发展性，除受外部资源的影响外，组织支持、领导或同事支持等也是提升个体道德效能感的重要手段（Hannah et al.，2011b）。

从社会学习理论视角来看，企业积极承担社会责任，会向员工传递关于企业道德的相关信息（Butterfield et al.，2000），从而强化员工对伦理问题的识别与应对信心，使员工更加相信自己有能力实现道德目标，进而促进其道德效能感的提升（Avolio and Gardner，2005）。同时，积极履行社会责任的企业往往会对员工的伦理道德行为给予积极的评价与鼓励，使员工更注重遵守伦理道德，从而果断采取行动解决伦理道德问题。因此，提出如下假设。

$H_{4.7}$：企业社会责任与员工道德效能感正相关。

与一般自我效能感相比，道德效能感是针对特定领域的自我效能感，对个体行为的预测力更高（Bandura，2001）。从行为伦理角度来看，道德效能感会赋予个人一种对其行为和行为能力的控制感，道德效能感越高，人们就越可能把道德判断和道德倾向转化为道德行为（Hannah and Avolio，2010）。道德效能感的提升会促使个体更愿意做出符合道德意图的行为（Hannah et al.，2011a）。已有研究基于社会学习理论，证实了道德效能感越高，员工越愿意做出有助于企业运行的组织公民行为并减少伤害组织利益的工作场所偏常行为（范恒和周祖城，2018）。具有较高道德效能感的员工更愿意以积极主动和建设性的方式解决道德难题（Priesemuth and Schminke，2019），更容易表现出道德行为（Ogunfowora et al.，2021）。可见，员工的道德效能感越强，就越有信心去解决和处理道德问题，从而更容易避免非伦理行为。因此，提出如下假设。

$H_{4.8}$：员工道德效能感与员工非伦理行为负相关。

自我效能感是将环境影响传导至行为的重要中介变量（Bandura，2001）。道德效能感是个体在伦理道德方面的特殊效能感，对个体道德行为会产生显著影响，且受情境因素影响很大（Hannah and Avolio，2010）。Jino 和 Mathew（2021）基于社会认同理论证实了组织正规化会通过增强员工道德效能感，来抑制员工不道德行为。Owens 等（2019）研究发现，领导道德谦卑与员工道德内隐的交互作用能显著提升员工道德效能感，进而增加员工的亲社会行为，并减少非伦理行为。

根据社会学习理论，学习者的心理变化是以认知过程为中介的，即示范者通过示范行为使观察者的认知（效能期待）发生改变，从而实现对观察者的影响（Bandura and Walters，1977）。在企业积极承担社会责任的道德示范作用下，员工更容易看到自己面临的道德困境和挑战，个体的道德效能感会得到显著提升，对解决和处理伦理道德问题会更有信心，越可能把道德判断和道德倾向转化为道德行为（Afsar et al.，2019），从而避免产生违反伦理道德的行为。因此，企业积极履行社会责任能够给员工提供榜样和示范，使员工对这种行为和精神进行学习模仿。在这个过程中，员工的道德效能感不断提升，从而在一定程度上抑制非伦理行为的产生。基于以上分析，提出如下假设。

$H_{4.9}$：道德效能感在企业社会责任与员工非伦理行为之间起中介作用。

3. 责任型领导的调节作用

在组织管理研究中，社会学习理论经常被用来解释成员之间的行为传递效应（Bai et al.，2019）。社会学习理论认为，员工会在企业中寻找自己的榜样并进行模仿，而企业的领导者最容易成为员工的榜样（马苓等，2018a）。领导对伦理行为的认同和鼓励在一定程度上会促使员工更多地从事伦理行为，并避免非伦理行为（de Cremer and Moore，2020）。Pless 和 Maak（2005）最早将"社会责任"与"领导风格"结合到一起，提出了责任型领导的概念。责任型领导是一种遵循道德规范，与组织内外各利益相关者进行平等对话和民主协商，力争行善与避害，以建立起信任关系的领导行为（彭坚和杨红玲，2018），其在企业社会责任意义构建中发挥着重要作用（王艳子和李洋，2019）。已有研究表明，责任型领导有助于增强企业社会责任对行动绩效的影响（Pless et al.，2012）。Javed 等（2020）通过研究证实了责任型领导会在一定程度上强化企业社会责任对企业声誉的正向影响。因此，责任型领导会在组织实践对其他变量的影响中起到调节作用。

依据社会学习理论的观点，个体能够通过观察示范过程来习得大多数行为，示范者对观察者的影响程度取决于示范者、观察者和学习情境等多种因素。一般情况下，那些权力大、地位高、能力强的示范者更有可能让观察者学习（Bandura and Walters，1977）。在企业管理实践中，具有较高地位的领导会成为员工学习的主要对象。责任型领导在决策时会充分考虑利益相关者诉求，并采取符合伦理的方式来解决问题（文鹏等，2016），下属会视其为学习榜样，这种角色榜样会潜移默化地影响下属。责任型领导非常重视工作中的伦理规范，往往会通过建立正式或非正式的行为控制系统来引导员工从事符合伦理规范的行为。在责任型领导影响下，企业实施慈善捐助、绿色环保、社区服务等一系列社会责任实践（Voegtlin，2011），会使员工在社会学习过程中强化自身责任感知，习得社会责任，从而使自身的道德效能感得到进一步加强。因此，当面对伦理道德困境时，员工将更有信心与勇气去解决和处理道德问题。可见，责任型领导会加强企业社会责任对员工道德效能感的积极作用。因此，提出如下假设。

$H_{4.10}$：责任型领导在企业社会责任与道德效能感之间起正向调节作用，当责任型领导水平较高时，企业社会责任对道德效能感的正向作用更强。

将 $H_{4.9}$ 和 $H_{4.10}$ 进行整合，提出一个被调节的中介效应模型，即责任型领导对道德效能感的中介效应具有调节作用。当企业社会责任与责任型领导都向员工传递组织的道德观念和社会责任信息时，员工的社会学习过程会得到强化。具体而言，当责任型领导水平较高时，企业履行社会责任的实践会更有效地传递给员工，使员工的道德信念得以加强，道德效能感得以提升，从而降低员工非伦理行为发生的可能性。反之，当责任型领导水平较低时，企业社会责任通过提升员工道德效能感来抑制其非伦理行为的效应会减弱。基于以上分析，提出如下假设。

$H_{4.11}$：责任型领导正向调节道德效能感在企业社会责任与员工非伦理行为之间的中介作用，即当责任型领导水平较高时，企业社会责任通过提升道德效能感来抑制员工非伦理行为的效应越强，反之越弱。

综合以上分析，本节的理论假设模型如图 4.3 所示。

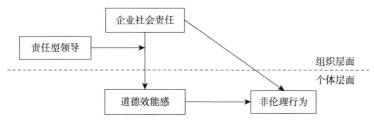

图 4.3 本节的理论假设模型

4.2.2 研究方法

1. 调研对象与数据收集

本节在本校 MBA 学员帮助下，对 128 家企业展开了深度调研。采用分时点收集数据，在时点 1，向每家企业 1 名高管发放企业社会责任与责任型领导问卷；在一个月后的时点 2，向每家企业 10 名普通员工发放道德效能感与非伦理行为的调查问卷。具体收集过程如下：高管问卷（企业社会责任与责任型领导）采取现场发放的形式，在每家企业挑选 1 名高层管理者进行调研，在调研对象填写完毕后当场回收并编号。在高管问卷填写完毕 1 个月以后，将普通员工问卷（员工道德效能感及非伦理行为）通过网络问卷的形式发放给员工，每个公司随机选择 10 名员工发放问卷，并保证 1~3 天内收回问卷。本节于 2020 年 6~12 月对 128 家企业的 128 名高管和 1 280 名员工进行了问卷调查，组织层面收回 116 份有效问卷，回收率为 90.63%；个体层面共收回 1 115 份有效问卷，回收率为 87.11%。最终组织层面有效问卷为 104 份，有效率为 89.66%；个体层面有效问卷为 1 004 份，有效率为 90.04%。

组织层面样本分布情况如下：公司规模方面，100 人以下占 20.46%，101~500 人占 22.72%，501~1 000 人占 12.50%，1 000 人以上占 44.32%；性质方面，国有企业占 35.20%，外资企业占 14.61%，民营或私营企业占 38.95%，其他占 11.24%；行业方面，制造业占 22.72%，高新技术与互联网企业占 17.05%，现代服务业占 30.68%，其他占 29.55%。个体层面样本分布情况如下：性别方面，男性占 52.23%，女性占 47.77%；年龄方面，25 岁及以下占 9.15%，26~40 岁占 74.89%，40 岁以上占 15.96%；受教育程度方面，大专占 26.17%，本科占 54.11%，其他占 19.72%；工作年限方面，3 年以下占 22.17%，3~5 年占 30.32%，6~10 年占 29.86%，10 年以上占 17.65%；管理层级方面，一线员工与基层员工分别占 31.67%，中层员工占 29.42%，高层员工占 7.24%。

2. 测量工具

为了保证测量问卷的科学性与有效性，本节采用国内外研究广泛使用的成熟量表，通过翻译-回译的方法，不断修改完善，最终得到本节的中文测量量表。所有量表均采用利克特 7 点式量表，其中"1"表示"非常不符合"，"7"表示"非常符合"。详细的量表内容如下。

企业社会责任：基于本节的概念界定与理论分析，选取 Maignan 和 Ferrell（2001）以 Carroll（1979）的金字塔模型为基础开发的四维度量表。该量表共有 16 个题项，如"本公司努力帮助解决社会问题"。本节中，该量表的 Cronbach's α 值为 0.85。

道德效能感：采用 Hannah 和 Avolio（2010）开发的量表，共有 5 个题项，如"我相信我能够对抗那些采用非伦理措施来解决问题的人"。本节中，该量表的 Cronbach's α 值是 0.93。

责任型领导：采用 Voegtlin（2011）开发的量表，共有 5 个题项，如"本公司总经理会充分考虑决策结果对利益相关者的影响"。本节中，该量表的 Cronbach's α 值为 0.85。

员工非伦理行为：采用 Peterson（2002）开发的量表，共有 9 个题项，为了减少社会称许性带来的误差，本节参考张燕和陈维政（2012）的建议，采用"投射式"自我报告法，即调查员工周围同事的情况，间接搜集有关个人态度及行为表现，如"同事在日常工作中会夸大产品或服务的优势"。本节中，该量表的 Cronbach's α 值为 0.96。

控制变量：组织层面选取公司性质、公司规模、所属行业作为控制变量；个体层面选取性别、年龄、工作年限、受教育程度及管理/技术层级作为控制变量。

4.2.3 数据分析与结果

1. 验证性因子分析

本节采用 Mplus 8.0 进行多层次验证性因子分析，结果显示模型拟合度良好，即模型拟合指数 $\chi^2/df=3.10$，RMSEA=0.04，CFI=0.88，TLI=0.87，SRMR=0.07。此外，还分析了因子载荷、组合信度及收敛效度，分析结果见表 4.5。由表 4.5 可知，各个题项因子载荷均显著，各变量的组合信度及收敛效度较好。由此说明，本节模型的拟合度良好，研究模型可以进一步探讨不同层次变量间的路径关系。

表 4.5 验证性因子分析结果

变量	因子载荷	题目信度（>0.3）	组合信度（>0.7）	收敛效度（>0.3）
个体层面				
非伦理行为	$0.36^{***}{\sim}0.89^{***}$	0.52~0.79	0.93	0.59
道德效能感	$0.69^{***}{\sim}0.89^{***}$	0.47~0.79	0.91	0.67
组织层面				
企业社会责任	$0.48^{*}{\sim}0.75^{***}$	0.33~0.56	0.91	0.41
责任型领导	$0.67^{***}{\sim}0.92^{***}$	0.45~0.85	0.88	0.60

***表示 $p<0.001$，*表示 $p<0.05$

2. 共同方法偏差检验

为了避免共同方法偏差，首先在程序上进行了控制：采取匿名调研的方式，并对被试强调调研数据仅用于学术研究，不会泄露给其他人。同时，采用分时点收集数据的方法，避免一次性数据导致的同源方差。其次，对组织层面与员工层面的变量进行 Harman 单因子检验法，对共同方法偏差进行检验，检验结果表明：组织层面，将企业社会责任与责任型领导进行探索性因子分析，得到的第一个未旋转的特征根大于 1 的因子仅解释了总方差变异的 31.73%，小于 40%；个体层面，将道德效能感与非伦理行为进行探索性因子分析，得到的第一个未旋转的特征根大于 1 的因子仅解释了总方差变异的 29.52%，小于 40%。这表明本节在一定程度上避免了共同方法偏差问题。

3. 描述性统计与相关性检验

对本节相关变量的描述性统计及相关性检验如表 4.6 所示。由表 4.6 可知，个体层面道德效能感与员工非伦理行为显著负相关（r=-0.64，$p<0.01$），组织层面企业社会责任与责任型领导显著正相关（r=0.44，$p<0.01$），这为本节的开展提

供了初步分析依据。

表 4.6　变量描述统计和相关性检验结果

变量	均值	标准差	1	2	3	4	5	6
个体层面								
1. 性别	1.56	0.57						
2. 年龄	2.12	0.89	0.11					
3. 受教育程度	2.79	0.94	−0.47	0.11				
4. 工作年限	3.19	1.24	0.07	0.76**	−0.05			
5. 管理层级	2.56	0.71	−0.01	0.42**	0.19**	0.20*		
6. 员工道德效能感	6.04	1.05	0.03	−0.19*	0.19*	−0.02	0.04	
7. 非伦理行为	2.09	0.95	0.07*	−0.03	−0.17*	−0.01	−0.06	−0.64**
组织层面								
1. 公司性质	3.96	1.55						
2. 所属行业	3.39	1.78	0.01					
3. 公司规模	4.03	1.73	−0.01	−0.17				
4. 企业社会责任	6.02	0.66	−0.22	−0.56*	−0.06			
5. 责任型领导	5.69	0.99	−0.09	0.17	−0.01	0.44**		

**表示 $p < 0.01$，*表示 $p < 0.05$

4. 假设检验分析结果

本节主要采用 Mplus 8.0 对数据进行分析来验证假设，分析结果如表 4.7 所示。零模型假设检验结果显示，$\sigma^2 = 0.79$，$\tau_{00} = 0.21$，得出组内方差 ICC（1）= 0.21（>0.12），故有必要进行跨层级分析。

表 4.7　主效应、中介效应及调节效应检验结果

变量	员工非伦理行为			道德效能感	
层次 2	模型 1	模型 2	模型 3	模型 4	模型 5
截距项	2.34*** (0.62)	7.44*** (0.69)	7.07*** (0.63)	5.22*** (0.59)	5.69*** (0.14)
公司性质	−0.04 (0.04)	−0.02 (0.02)	−0.02 (0.03)	0.02 (0.03)	−0.01 (0.03)
所属行业	0.04 (0.03)	0.01 (0.02)	0.01 (0.02)	−0.04 (0.03)	0.00 (0.03)
公司规模	0.05 (0.03)	0.00 (0.02)	0.02 (0.02)	−0.04 (0.03)	−0.02 (0.03)
企业社会责任	−0.16** (0.08)		0.09 (0.13)	0.25** (0.08)	0.39** (0.05)
责任型领导					0.02 (0.14)

续表

变量	员工非伦理行为			道德效能感	
层次 2	模型 1	模型 2	模型 3	模型 4	模型 5
企业社会责任× 责任型领导					0.17^{**} （0.02）
层次 1					
性别	0.08 （0.07）	0.08 （0.05）	0.08 （0.05）	0.00 （0.07）	−0.02 （0.08）
年龄	0.04 （0.03）	0.03 （0.02）	0.03 （0.02）	−0.02 （0.03）	−0.01 （0.03）
受教育程度	-0.18^{***} （0.04）	-0.09^{**} （0.03）	-0.08^{**} （0.03）	-0.18^{***} （0.04）	−0.19 （0.04）
工作年限	0.03 （0.03）	−0.00 （0.03）	−0.01 （0.03）	-0.06^{+} （0.04）	−0.06 （0.04）
管理层级	-0.16^{**} （0.04）	-0.07^{*} （0.03）	-0.06^{*} （0.03）	0.08^{*} （0.04）	0.08^{+} （0.04）
道德效能感		-0.53^{***} （0.03）	-0.53^{***} （0.03）		
δ^2	0.77	0.53	0.52	0.87	0.93
τ_{00}	0.15	0.03	0.03	0.12	0.09
χ^2（df）					182.57^{***}

***表示 $p < 0.001$，**表示 $p < 0.01$，*表示 $p < 0.05$，+表示 $p < 0.10$

注：括号内数值为标准误

　　由表4.7可见，模型1结果显示，企业社会责任显著负向影响员工非伦理行为（$\beta=-0.16$，$p<0.01$），$H_{4.6}$ 得到支持。模型 4 结果显示，企业社会责任显著正向影响员工道德效能感（$\beta=0.25$，$p<0.01$），$H_{4.7}$ 得到支持。模型 2 结果显示，员工道德效能感显著负向影响非伦理行为（$\beta=-0.53$，$p<0.001$），$H_{4.8}$ 得到支持。模型 3 结果显示，在模型 3 的基础上将道德效能感纳入方程后，企业社会责任对员工非伦理行为的影响效应从−0.16降到0.09，且不再显著。因此，道德效能感在企业社会责任与员工非伦理行为之间起到完全中介作用，$H_{4.9}$ 得到支持。

　　运用Mplus 8.0对责任型领导的调节作用进行数据分析，以验证责任型领导在企业社会责任和员工道德效能感之间的调节作用，分析结果如表 4.7 所示。模型 5 结果显示，企业社会责任显著正向影响道德效能感（$\beta=0.39$，$p<0.01$）。企业社会责任与责任型领导的交互项显著正向影响道德效能感（$\beta=0.17$，$p<0.01$），责任型领导在企业社会责任与道德效能感之间起到正向调节作用。为了更详细地阐述责任型领导在企业社会责任与道德效能感之间的调节作用，绘制了责任型领导的调节效应图，如图 4.4 所示。可见，责任型领导水平越高，企业社会责任对道德效能感的正向影响也越强，$H_{4.10}$ 得到支持。

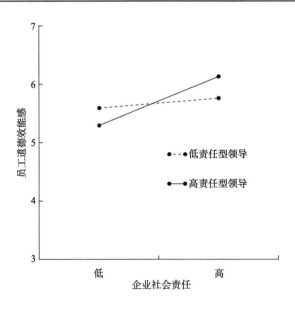

图 4.4　责任型领导的调节效应

为进一步检验责任型领导对企业社会责任通过道德效能感影响员工非伦理行为过程中的调节作用，参考 Edwards 和 Lambert（2007）的方法，对有调节作用的中介效应进行分析，结果如表 4.8 所示。当责任型领导水平较高时（均值加 1 个标准差），间接效果的效果量为 0.22，95%的无偏置信区间为［0.13，0.35］，不包含 0，说明在该情况下，企业社会责任通过道德效能感对员工非伦理行为的间接效应显著。当责任型领导水平较低时（均值减 1 个标准差），间接效果的效果量为 0.07，95%的无偏置信区间为［-0.03，0.24］，包含 0，说明在该情况下，企业社会责任通过道德效能感对员工非伦理行为的间接效应不显著。责任型领导在高与低条件下的间接效应差异值为 0.15，标准误为 0.05，95%置信区间为［0.01，0.25］，不包含 0，表明间接效应差异值显著，即被调节的中介作用存在，$H_{4.11}$ 得到支持。可见，随着责任型领导水平不断提升，道德效能感在企业社会责任与员工非伦理行为之间的中介作用会随之增强。

表 4.8　有调节的中介效应检验

分组统计	效果量	标准误（SE）	95%偏差矫正置信区间
高责任型领导	0.22	0.05	［0.13，0.35］
低责任型领导	0.07	0.07	［-0.03，0.24］
高低组之间的差异	0.15	0.05	［0.01，0.25］

4.3　社会责任型人力资源管理与员工主动行为：
社会交换视角下的实证研究

随着工作环境逐渐分散化和动态化，为了跟上全球竞争的步伐，技术进步以及创新的快速发展要求组织在很大程度上依赖员工来发起变革。因此，随着组织面临不断变化的机遇和需求，工作任务变得更加多样化，任务也在不断发展和变化着。所有这些发展使员工能够定期处理不确定性，以便他们能够在这些不同的工作场所有效地进行调整和发挥作用。由于工作场所的不确定性和不断发展，员工应更新并积极发展自己的能力、技能和知识，以满足需求并抓住机遇。主动行为是一个人改变工作环境或工作角色，并预见未来问题的预期行为。研究人员发现，有一些因素会促进员工的主动行为，其中包括工作自主性（Parker et al.，2006）。

影响员工主动行为的一个外部环境因素是面向员工的企业社会责任：社会责任型人力资源管理。企业社会责任现在已经成为一种规范，人们对它的关注也越来越多，这引发了人力资源管理的相关理论和实践去倡导企业社会责任的概念（Pan，2018）。企业社会责任被认为是世界上组织领导者的一个重要优先项，因为它被认为是组织竞争优势和可持续性的重要来源（Shen and Benson，2016）。这使得企业社会责任的相关研究对于组织的成长和发展至关重要。

然而，最近关于企业社会责任的研究主要集中在外部利益相关者，很少有研究涉及内部利益相关者。实施企业社会责任计划的有效性在于采用社会责任型人力资源管理，也就是面向员工的企业社会责任。社会责任型人力资源管理是针对组织内部利益相关者的企业社会责任活动和政策（Shen and Benson，2016）。组织最主要的关键资源之一是员工，因此强调他们的需求和权利是很重要的。而且，企业社会责任的目标正是通过员工来实现的（Newman et al.，2015）。

组织参与企业社会责任活动不仅使他们有机会提高品牌知名度，加强与政府和供应商等外部利益相关者的关系，还可以影响员工对组织的行为。企业通过实施社会责任型人力资源管理，不仅可以影响员工的态度和满意度，还可以影响员工在组织中的行为。近年来，很多企业已经意识到通过参与战略性企业社会责任活动来改善与利益相关者关系的重要性。此外，我国政府和媒体组织迫切需要加强对企业社会责任活动的参与。并且，我国企业已经意识到参与企业社会责任对于提高员工的积极性和留住员工的重要性。尽管社会责任型人力资源管理对员工和整个组织都很重要，但仍有一个关键领域尚未深入探讨：集体主义等组织文化如何影响组织社会责任型人力资源管理活动对员工主动行为的作用。研究表明，在集体主义文化中的员工比在个人主义文化中的员工，主动行为更少（Johns，2017）。

鉴于我国组织实践中的这种特性，研究组织社会责任型人力资源管理活动是否会影响员工的主动行为非常重要。尽管社会责任型人力资源管理很重要，但大多数关于社会责任型人力资源管理的研究侧重于社会责任型人力资源管理如何影响员工的态度，如工作满意度和组织承诺，而忽视了社会责任型人力资源管理活动对员工在工作场所的行为的影响。此外，许多关于社会责任型人力资源管理和员工行为的研究，都集中在组织公民行为上，忽视了员工主动行为（Newman et al.，2015）。研究发现，员工的内部人身份感知及其集体主义倾向在影响员工行为方面起着重要作用。

因此，本节将通过内部人身份感知的中介作用和集体主义倾向的调节作用，调查社会责任型人力资源管理对员工主动行为的跨层次影响，填补这一研究空白。本节还将在理论上做出贡献，并为我国企业提供建议，说明开展面向员工的企业社会责任活动对提高员工主动行为的作用，从而促进组织的有效运作。

4.3.1　理论基础和研究假设

1. 社会交换理论

社会交换理论被认为是组织行为中最重要的概念模型之一。它被用来解释组织公民行为、任务绩效和员工承诺等几个概念，作为组织支持感知（Eisenberger et al.，1986）以及员工与组织关系（Anne et al.，2017）的结果。根据社会交换理论，员工对他们所在组织的反应与他们在组织中获得到的待遇有关。这种获得可以创造一种社会交换关系，涉及社会情感资源的信任，或一种经济交换关系，即涉及经济或物质资源的高度限制的短期交换（Blau，1964；Shore et al.，2006）。员工与组织之间的联系，本质上是一种交换关系（Wang et al.，2014）。当一方（组织）向另一方（雇员）提供特定的利益（如社会责任型人力资源管理）时，另一方会感知到有义务进行回报。

2. 员工主动行为

随着工作环境逐渐变得动态和分散（Frese and Fay，2001；Adam and Sharon，2009），组织为了顺应全球竞争、技术快速发展的趋势，越来越看重员工的主动变革（Campell，2000）。因此，随着组织的变革，员工的工作角色变得更加灵活，任务也不断发展和变化。这些都要求员工应对不确定性，以便能够适应动态的工作环境。由于工作环境中不确定性日益增加，员工必须主动提升他们的知识、技能和能力。

主动行为是指个人开始改变工作系统或工作角色的预期行为（Parker and Collins，2010；Grant and Ashford，2008）。主动行为的具体例子包括自我解决问题，主动做出改变，提出改善组织现状的想法，寻求反馈和问题解决（Parker and Collins，2010；Grant and Ashford，2008）。尽管主动行为很重要，但它会导致不确定性。由于这些不确定性的结果，有一个激发员工主动行动的环境是至关重要的（Parker and Collins，2010）。对主动行为的研究普遍认为，个人因素和环境因素都会影响主动行为（Johns，2017）。

环境是指强加给主要行为者的条件驱动或环境驱动。具体而言，环境施加了条件限制，影响了组织行为的产生，因此将环境视为直接影响因素或调节因素（Kuo et al.，2017）。公司提供的机会和限制在激励或抑制员工行为方面发挥着重要作用。因此，组织环境可以被视为一种机会或限制，影响主动行为是否发生。在组织环境方面，有的鼓励主动行为，而有的则不鼓励（Beltran-Martin et al.，2017）。正如 Kuo 等（2017）所假设的那样，个体在有利的环境中表现得更为积极。基于 McCormick 等（2018）的观点，内在或内部因素以及情境或外部因素之间的相互作用会影响个人行为。众所周知，环境会对某些行为产生影响，所以为了更好地理解主动行为，考虑环境因素是至关重要的（Wu et al.，2018）。例如，组织氛围常常被认为通过创造一种特定的氛围来影响行为，这代表了组织中所期望和支持的常见特定行为类型（Hong et al.，2016）。

3. 社会责任型人力资源管理和主动行为之间的关系

在推动公司的可持续发展计划方面，员工已经变得和客户同等重要（Wang et al.，2014）。以对社会负责的方式进行人力资源管理，可以提高员工的工作满意度和敬业度，满足员工的个人需求，帮助企业招聘和留住人才（Ferreira-Cotón and Carballo-Penela，2016）。组织将社会责任型人力资源管理政策整合到其人力资源管理中，目的是满足员工的社会、劳动、道德和生存的需求，以提高员工在工作场所的满意度（Barrena-Martínez et al.，2017）。社会责任型人力资源管理活动的重点是招聘和留住有社会责任感的员工，提供企业社会责任培训，并考虑到员工在晋升、绩效考核和薪酬方面的社会贡献（Shen，2011）。社会责任型人力资源管理可以分为三个部分，包括法律合规的人力资源管理、员工导向的人力资源管理和社会责任促进的人力资源管理（Shen and Zhu，2011）。

法律合规的人力资源管理要求公司遵守当地的劳动法，并符合国际劳工组织制定的标准。法律合规的人力资源管理主要包括机会平等、健康和安全、工作时间、最低工资以及使用童工和强迫劳动（Beltran-Martin et al.，2017）。员工导向的人力资源管理是满足员工个人和家庭的最低需求。它为员工提供组织支持，还关注员工个人发展的需求，如培训、反馈、指导、职业发展以及采用工作场所民主，如员工参与和权力分享（Beltran-Martin et al.，2017）。社会责任促进的人力资源管理是关于应用人力资源管理的政策和实践，帮助企业参与一般的企业社会责任倡议。通常，一般的企业社会责任问题包括减少贫困、提高人们对疾病的认识、气候变化和环境保护以及自然灾害救济等。一般的企业社会责任倡议会在国家和国际企业法规中强调（Beltran-Martin et al.，2017）。

部分学者研究了社会责任型人力资源管理对员工态度的影响，如组织承诺和工作满意度（Newman et al.，2015）。Hur 等（2019）的实证研究表明，社会责任型人力资源管理通过感知到的内部尊重和组织认同来触发员工的内部关注行为。此外，Hu 等（2018）认为当员工觉得组织关心自己的福利时，他们会通过表现对组织有益的行为来回报组织。研究表明，社会责任型人力资源管理会影响员工的任务表现和角色外行为。但是，目前还没有研究将社会责任型人力资源管理与员工主动行为联系起来。基于此，本节基于社会交换理论，构建了一个跨层次的分析模型，研究社会责任型人力资源管理对员工主动行为的影响。基于以上分析，提出如下假设。

$H_{4.12}$：社会责任型人力资源管理对员工主动行为会产生积极影响。

4. 内部人身份感知的中介作用

需求满足和重要感知是员工产生归属感的重要因素。本节的重点是归属感的一个重要组成部分——内部人身份感知。内部人身份感知的定义是员工认为自己是组织内部人员（与局外人相比）的程度（Blau，1964）。

内部人身份感知是一种心理资源，使员工在组织中具有良好的归属感和宽容感，能够调动员工在工作中的积极性、主动性（Pan，2018）。内部人身份感知概念与国家传统文化密切相关。当员工认为自己是组织成员时，就会把自己当成组织中的主人，并表现出更有利于组织的行为（Yin et al.，2012）。基于资源保存理论，内部人身份感知被视为丰富的心理资源，使员工能够积极投入工作（Li et al.，2019）。内部人身份感知对员工的个人行为有积极作用（Zhao and Tang，2015）。Ding 等（2017）发现，内部人身份感知对员工主动行为有积极的影响。只有员工在组织中具有良好的归属感和宽容感，才能调动自身在工作中的积极性、主动性，做出更加积极主动的行为。具有高度内部人身份感知的个人对环境和行为的把控更有信心，因此更有可能将观察到的行为付诸实践。

内部人身份感知作为个人独特的行为意识，可以对个人的行为产生重大影响。因此，当企业积极承担社会责任型人力资源管理等社会责任角色时，员工的内部地位意识会显著提高，进而他们对主动行为更有信心。基于以上讨论，提出如下假设。

　　H$_{4.13}$：社会责任型人力资源管理会影响员工的内部人身份感知。

　　H$_{4.14}$：内部人身份感知会影响员工的主动行为。

　　H$_{4.15}$：内部人身份感知会在社会责任型人力资源管理与员工主动行为之间起到中介作用。

　　5. 集体主义倾向的调节作用

　　集体主义和个人主义是由霍夫斯泰德作为一种文化概念引入的。他认为个人主义文化优先考虑个人目标和自我实现，而集体主义文化优先考虑群体目标（Hofstede，1984）。此外，工作中的满意度来自群体中的成功，而不是个人的成功。集体主义的一个主要特征是人们强调群体和谐及群体利益，而个人主义则关注个人目标和兴趣（Zhao et al.，2019）。

　　虽然个人集体主义是国家层面的文化特征，但许多研究都是将个体层面的集体主义概念化（Zhao et al.，2019）。例如，文化取向被视为一种个体差异变量，并检验其对员工态度的影响。在本节中，我们将集体主义倾向作为个体层面上的一个变量，检验其对社会责任型人力资源管理与员工组织认同之间关系的影响（Ramamoorthy and Flood，2002）。具有集体主义倾向的人会为集体利益而发挥能量，并且与集体相互依存（Peter and Alexander，2014）。

　　研究表明，当员工的需求得到满足时，他们会表现出积极主动。他们觉得自己有义务通过积极主动的行为来回报组织。这就产生了这样一种假设，即社会责任型人力资源管理活动可以影响像中国这样的集体文化中的员工，使其更加积极主动（Adam and Sharon，2009）。

　　具备集体主义倾向的员工对社会责任型人力资源管理有较高的感知时，可能具有更高程度的内部人身份感知。综上所述，高集体主义倾向的员工可能更关注组织参与社会责任型人力资源管理活动，因此高集体主义倾向的员工感知社会责任型人力资源管理对内部人身份感知的影响会更大。基于以上讨论，提出如下假设。

　　H$_{4.16}$：员工的集体主义倾向将调节员工的内部人身份感知与其主动行为之间的关系。员工的集体主义倾向越高，其内部人身份感知与主动行为之间的正相关关系越强。

　　综合以上分析，提出本节的研究框架，如图 4.5 所示。

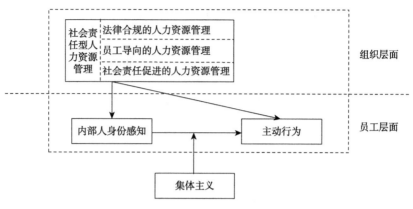

图 4.5　本节的研究框架

4.3.2　研究方法

1. 研究样本和数据收集

本节对 100 家公司的 100 名管理者以及 1 000 名员工展开深度调研，采用分时点收集数据，在时点 1，公司高管完成了对社会责任型人力资源管理的评估，并填写了有关组织的相关信息（公司性质、行业特征和公司规模）。在时点 2（1 个月后），10 名员工完成了对内部人身份感知、集体主义倾向和主动行为的评估，并填写相关信息（性别、年龄、受教育程度、工作年限、管理水平）。具体收集过程如下：问卷采取现场调查和在线问卷相结合的方式，其中高管问卷（社会责任型人力资源管理）在时点 1 进行发放，员工问卷（内部人身份感知、集体主义倾向和主动行为）在时点 2 进行发放，两个时点相隔半个月至一个月，每次发放问卷时，保证在一周内收回。

2. 变量测量

为了保证测量问卷的科学性与有效性，采用国内外研究广泛使用的成熟量表，通过翻译-回译的方法，不断修改完善，最终得到本节的中文测量量表。所有量表均采用利克特 7 点式量表，其中"1"表示"非常不符合"，"7"表示"非常符合"。详细的量表内容如下。

社会责任型人力资源管理：采用 Shen（2011）的量表测量该变量。该量表有 3 个维度和 13 个题项：①法律合规的人力资源管理，如"我公司基于工作表现评定的员工工资高于最低工资"；②员工导向的人力资源管理，如"为了实现工作与生活的平衡，我的公司采用灵活的工作时间和就业计划"；③社会责任促进的人力资源管理，如"我的公司优先聘用有困难和本地的求职者"。

内部人身份感知：采用 Stamper 和 Masterson（2002）开发的量表进行测量，共有 6 个题项，如"我感觉自己是工作组织的一部分"。

员工主动行为：采用 Frese 等（1997）开发的量表进行测量。该量表共有 7 个题项，如"每当出现问题，我都会立即寻找解决方案"。

集体主义倾向：采用 Triandis 和 Gelfand（1998）开发的量表进行测量，该量表包括 4 个题项，如"同事的幸福对我来说很重要"。

4.3.3　数据分析与结果

1. 描述性统计与相关分析

1）组织层面的描述性统计

本小节对收集到的 100 家公司组织层面数据涉及的背景特征（公司规模、公司性质、所属行业）进行描述性统计。表 4.9 显示了对组织层面的描述性统计结果。

表 4.9　组织层面的描述性统计

变量	类别	企业的数量	企业的比例	累计百分比
公司规模	50 人以下	15	15.0%	15.0%
	50~100 人	6	6.0%	21.0%
	101~500 人	22	22.0%	43.0%
	501~1 000 人	19	19.0%	62.0%
	1 001~2 000 人	6	6.0%	68.0%
	2 000 人以上	32	32.0%	100%
公司性质	国有企业	65	65.0%	65.0%
	外商独资企业	8	8.0%	73.0%
	私营独资企业	23	23.0%	96.0%
	其他	4	4.0%	100%
所属行业	制造业	16	16.0%	16.0%
	高科技企业	10	10.0%	26.0%
	互联网	14	14.0%	40.0%
	现代服务业	33	33.0%	73.0%
	其他	27	27.0%	100%
总计		100	100%	

2）员工层面的描述性统计

本小节对收集到的 1 000 名员工个体层面数据涉及的背景特征（性别、年龄、受教育程度、工作年限和管理水平）进行描述性分析。就性别而言，男性略多于女性。从年龄上看，主要集中在 18~40 岁。本科和研究生学历比例较高，工作年限分布相对平均。职位级别主要分布在中层和基层员工。表 4.10 反映了对员工层面的描述性统计结果。

表 4.10 员工层面的描述性统计（正式调查）

变量	类别	员工人数	百分比	累计百分比
性别	男	574	57.4%	57.4%
	女	426	42.6%	100%
年龄	18~25 岁	393	39.3%	39.3%
	26~30 岁	311	31.1%	70.4%
	31~35 岁	206	20.6%	91.0%
	36~40 岁	63	6.3%	97.3%
	41~50 岁	21	2.1%	99.4%
	51~60 岁	6	0.6%	100%
受教育程度	高中	54	5.4%	5.4%
	技术/职业	238	23.8%	29.2%
	本科	529	52.9%	82.1%
	研究生	179	17.9%	100%
工作年限	3 年以下	300	30.0%	30.0%
	3~5 年	257	25.7%	55.7%
	6~10 年	239	23.9%	79.6%
	10 年以上	204	20.4%	100%
职位级别	一线员工	224	22.4%	22.4%
	基层	510	51.0%	73.4%
	中层	248	24.8%	98.2%
	高层	18	1.8%	100%
总计		1 000	100.0%	

3）相关性分析

使用 HLM、SPSS 和 Amos 软件进行分析。表 4.11 报告了自变量社会责任型人力资源管理、因变量主动行为、中介效应内部人身份感知和调节效应集体主义倾向之间的相关检验结果。个体层面集体主义倾向与内部人身份感知呈正相关关系（$r=0.42$，$p<0.01$）。主动行为与内部人身份感知呈显著正相关关系（$r=0.51$，$p<0.001$），集体主义倾向与主动行为呈显著正相关关系（$r=0.45$，$p<0.01$）。在组织层面，社会责任型人力资源管理与任何控制变量之间都没有显著的相关关系。这说明本节对控制变量的选择是合理的。

表 4.11 相关分析结果

变量	平均值	标准差	1	2	3	4	5	6	7
个体层面									
1. 性别	1.43	0.49	1.00						
2. 年龄	2.03	1.07	-0.15^{***}	1.00					
3. 受教育程度	2.92	0.94	-0.07^{*}	0.16^{**}	1.00				
4. 工作年限	2.35	1.11	-0.03	0.49^{**}	-0.03	1.00			
5. 职位级别	2.06	0.74	-0.11^{**}	0.28^{**}	0.29^{***}	0.25^{**}	1.00		
6. 内部人身份感知	6.44	0.55	-0.04	0.01	0.04	0.04	0.01	1.00	
7. 主动行为	6.32	0.55	-0.08^{**}	0.05	0.01	-0.01	-0.05	0.51^{***}	1.00
8. 集体主义倾向	6.33	0.59	-0.03^{**}	0.02	0.01	-0.01	-0.04	0.42^{**}	0.45^{**}
组织层面									
1. 所属行业	3.45	1.40	1.00						
2. 公司规模	3.91	1.78	-0.09	1.00					
3. 公司性质	1.66	0.97	0.08	-0.01	1.00				
4. 社会责任型人力资源管理	6.17	0.45	-0.01	0.15	-0.15	1.00			

***表示 $p<0.001$，**表示 $p<0.01$，*表示 $p<0.05$

2. 验证性因子分析

在进行验证性因子分析之前，有三个假设需要满足，是关键绝对的、增量的和简约的模型拟合。对关键绝对模型拟合进行检验，RMSEA 应小于 0.08。由于组织层面只有一个变量，不需要进行因子分析。从对个人层面的验证性因子分析结果来看，RMSEA=0.068，因此满足了绝对模型拟合假设。在进行增量模型拟合检验时，CFI 应大于 0.9，个人层面的 CFI 为 0.918，说明满足了增量的假设。对简约的模型拟合，χ^2/df 越接近 3，说明模型拟合较好，样本较大时，5 左右也可以接受。本节中个人层面三个变量的 χ^2/df=657.012/116=5.664，满足在 5 左右，说明简约的模型拟合程度较好。

3. 假设检验

1）社会责任型人力资源管理及其各维度对员工主动行为的检验

由于社会责任型人力资源管理对员工主动行为的影响涉及跨层数据，本节采用HLM对假设进行分析和验证。具体操作如下：①模型0假设检验；②控制变量对因变量的检验；③自变量对因变量的影响检验；④中介变量对因变量的影响检验；⑤自变量和中介变量同时对因变量的效应检验。

首先，进行零假设模型，计算组内相关系数ICC（1），以确定是否需要进行跨层分析。ICC（1）=0.271>0.06。因此，有必要进行跨层次分析。

表 4.12 显示了社会责任型人力资源管理对员工主动行为的检验结果。$H_{4.12}$ 结果显示社会责任型人力资源管理对员工的主动行为有显著影响（$\beta=0.087$，$p<0.01$）。

表 4.12　社会责任型人力资源管理对员工主动行为的检验结果

变量		员工主动行为			
		模型 0	模型 1	模型 2	模型 3
层次 2	截距	6.317*** (0.031)	6.637*** (0.139)	6.090*** (0.266)	6.17*** (0.254)
	所属行业		0.009 (0.024)	0.006 (0.020)	0.002 (0.020)
	公司规模		−0.022 (0.018)	−0.002 (0.017)	−0.024 (0.017)
	公司性质		−0.064** (0.031)	−0.045 (0.033)	−0.044 (0.033)
	社会责任型人力资源管理			0.087** (0.036)	
层次 1	性别		−0.074 (0.032)	−0.075* (0.031)	−0.075* (0.032)
	年龄		0.040** (0.014)	0.039 (0.014)	0.039 (0.014)
	受教育程度		−0.001 (0.019)	0.001 (0.019)	−0.039 (0.014)
	工作年限		−0.043** (0.015)	−0.043 (0.015)	−0.044 (0.015)
	职位级别		−0.015 (0.025)	−0.013 (0.025)	−0.013 (0.025)
	δ^2	0.080 90	0.079	0.075	0.076
	τ_{00}	0.298 08	0.214	0.214	0.214
	R^2	ICC（1）=0.271	0.271	0.263	0.263
	χ^2（df）	467.80***	452.54***	426.41***	424.59***
	偏差	1 468.33	1 494.2	1 495.14	1 502.85

***表示 $p<0.001$，**表示 $p<0.01$，*表示 $p<0.05$

2）社会责任型人力资源管理对内部人身份感知的影响检验

表 4.13 显示了社会责任型人力资源管理对内部人身份感知的影响检验结果。$H_{4.13}$ 的结果表明社会责任型人力资源管理对内部人身份感知有显著的正向影响（$\beta=0.089$，$p<0.001$）。

表 4.13　社会责任型人力资源管理对内部人身份感知的影响检验结果

变量		内部人身份感知			
		模型 0	模型 1	模型 2	模型 3
层次 2	截距	6.441***（0.029）	6.550***（0.143）	5.991***（0.245）	6.056（0.231）
	所属行业		−0.004（0.019）	−0.007（0.018）	−0.010（0.019）
	公司规模		−0.020（0.016）	−0.020（0.014）	−0.021（0.14）
	公司性质		−0.018（0.028）	−0.001（0.027）	0.001（0.027）
	社会责任型人力资源管理			0.089***（0.031）	
层次 1	性别		−0.019（0.026）	−0.021（0.026）	−0.021（0.026）
	年龄		−0.010（0.016）	−0.011（0.016）	−0.011（0.026）
	受教育程度		0.002（0.020）	0.002（0.020）	0.002（0.016）
	工作年限		0.011（0.015）	0.011（0.015）	0.011（0.015）
	职位级别		0.014*（0.023）	0.016（0.023）	0.016（0.023）
	δ^2	0.065 6	0.066	0.061	0.062
	τ_{00}	0.239 5	0.240	0.240	0.241
	R^2	ICC（1）=0.214	0.216	0.202	0.207
	χ^2（df）	370.122***	359.33***	334.77***	334.49***
	偏差	1 543.225	1 586.58	1 586.60	1 594.95

***表示 $p<0.001$，*表示 $p<0.05$

3）内部人身份感知对主动行为的影响检验

表 4.14 显示了内部人身份感知对员工主动行为的影响检验结果。内部人身份感知对员工主动行为的分析表明，内部人身份感知对员工主动行为有显著正向影响（$\beta=0.502$，$p<0.001$）。因此，$H_{4.14}$ 得到支持。

表 4.14　内部人身份感知对员工主动行为的影响检验结果

变量	主动性行为	
	模型 1	模型 2
性别	-0.088^{*} （0.035）	-0.064^{*} （0.030）
年龄	0.039 （0.020）	0.044 （0.017）
受教育程度	0.023 （0.020）	0.012 （0.017）
工作年限	-0.011 （0.018）	-0.024 （0.015）
职位级别	-0.064 （0.030）	-0.058 （0.023）
内部人身份感知		0.502^{***} （0.027）
R^2	0.015	0.275
ΔR^2	0.015	0.257
F 值	3.031^{***}	350.239^{***}

***表示 $p < 0.001$，*表示 $p < 0.05$

4）检验内部人身份感知在社会责任型人力资源管理与员工主动行为之间的中介作用

表 4.15 显示了内部人身份感知在社会责任型人力资源管理与员工主动行为之间的中介作用检验结果。对于 $H_{4.15}$，内部人身份感知会在员工的社会责任型人力资源管理与主动行为之间起到中介作用（模型4）。在模型4中，加入内部人身份感知后，与模型2相比，主动行为的社会责任型人力资源管理系数从0.087降低到0.049，不再显著。因此，内部人身份感知在社会责任型人力资源管理与员工主动行为之间起着完全中介作用。因此，$H_{4.15}$ 得到支持。

表 4.15　内部人身份感知在社会责任型人力资源管理与员工主动行为之间的中介作用检验结果

变量		主动行为				
		模型 0	模型 1	模型 2	模型 3	模型 4
层次 2	截距	6.317^{***} （0.031）	6.637^{***} （0.139）	6.090^{***} （0.266）	3.834^{***} （0.251）	3.550^{***} （0.295）
	所属行业		0.009 （0.024）	（0.020）	0.011 （0.016）	0.009 （0.016）
	公司规模		-0.022 （0.018）	-0.002 （0.017）	-0.014 （0.013）	-0.014 （0.013）
	公司性质		-0.064 （0.031）	-0.045 （0.033）	-0.056 （0.024）	-0.045 （0.025）

续表

变量		主动行为				
		模型 0	模型 1	模型 2	模型 3	模型 4
层次 2	社会责任型人力资源管理			0.087^{**} （0.036）		0.049 （0.027）
层次 1	性别		−0.074 （0.032）	$−0.075^{*}$ （0.031）	−0.066 （0.030）	−0.068 （0.030）
	年龄		0.040 （0.014）	0.039 （0.014）	0.044 （0.013）	0.043 （0.013）
	受教育程度		−0.001 （0.019）	0.001 （0.019）	0.001 （0.018）	0.001 （0.018）
	工作年限		−0.043 （0.015）	−0.043 （0.015）	$−0.043^{**}$ （0.015）	−0.043 （0.015）
	职位级别		−0.015 （0.025）	−0.013 （0.025）	−0.027 （0.023）	−0.026 （0.023）
	内部人身份感知				0.427^{***} （0.036）	0.423^{***} （0.036）
	δ^2	0.081	0.079	0.075	0.038	0.370
	τ_{00}	0.298	0.214	0.214	0.181	0.180
	R^2	ICC（1）=0.271	0.271	0.263		
	χ^2（df）	467.80^{***}	452.54^{***}	426.41^{***}	296.51^{***}	288.32^{***}
	偏差	1 468.33	1 494.2	1 495.14	1 289.70	1 290.02

***表示 $p<0.001$，**表示 $p<0.01$，*表示 $p<0.05$

5）集体主义倾向在内部人身份感知与主动行为之间的调节作用

表 4.16 显示了集体主义倾向在内部人身份感知与主动行为之间的中介作用检验结果。员工集体主义倾向会调节员工内部人身份感知与其主动行为之间的关系（模型 4）。集体主义倾向与内部人身份感知之间的交互作用对员工主动行为有显著影响。由模型 4 可知，集体主义倾向与员工内部人身份感知之间的交互作用对员工的主动行为有显著的正向影响（$\beta=0.197$，$p<0.01$），因此 $H_{4.16}$ 得到支持。基于此，员工的集体主义倾向在内部人身份感知与主动行为的关系中起着显著的正向作用。

表 4.16　集体主义倾向在内部人身份感知与主动行为之间的中介作用检验结果

变量	模型 1	模型 2	模型 3	模型 4
1. 控制变量				
性别	−0.088 （0.035）	$−0.064^{*}$ （0.030）	$−0.060^{*}$ （0.029）	−0.062 （0.029）
年龄	0.039^{**} （0.020）	0.044^{*} （0.017）	0.037^{*} （0.016）	0.038^{*} （0.016）

续表

变量	模型 1	模型 2	模型 3	模型 4
受教育程度	0.253 （0.068）	0.012 （0.017）	0.010 （0.016）	0.007 （0.016）
工作年限	−0.011 （0.018）	−0.024 （0.015）	−0.018 （0.015）	−0.018 （0.015）
职位级别	−0.064* （0.03）	−0.06* （0.02）	−0.046* （0.022）	−0.044* （0.021）
2. 自变量				
内部人身份感知		0.502*** （0.02）	0.383*** （0.028）	0.400*** （0.028）
3. 中介变量				
集体主义倾向			0.265*** （0.027）	0.269*** （0.026）
4. 交互项				
内部人身份感知 ×集体主义倾向				0.197** （0.043）
常量	6.454*** （0.096）	6.460*** （0.083）	6.415*** （0.079）	6.415*** （0.079）
R^2	0.015	0.272	0.338	0.352
ΔR^2	0.015	0.257	0.066	0.014
F 值	3.031	61.78	72.346	67.275
ΔF	3.031***	350.23***	99.08***	21.37**

***表示 $p<0.001$，**表示 $p<0.01$，*表示 $p<0.05$

4.4　研究结论与讨论

4.4.1　企业社会责任、组织信任与员工创新行为

1. 研究结论

本章通过对 93 家企业中高层领导及 955 名员工的配对调查与跨层次实证研究，得出以下主要结论。

第一，企业社会责任对员工创新行为有着显著的跨层次正向影响，证明并拓宽了员工创新行为前因变量的研究外延。企业依据自身发展情况以及资源分配情况自愿承担社会责任，将会利于组织与员工发展互惠关系，使员工为了共同利益而对公司的产品、服务、程序和管理等提出创新性想法，并采取实际行动推

行创新。

第二，企业社会责任的不同维度对员工创新行为的影响机制不同，组织信任在二者之间起到部分中介作用。进一步来看，企业承担较高层次的伦理和慈善责任对员工创新构想产生和实施正向影响显著，组织信任起到完全中介作用。即企业的伦理责任和慈善责任会完全通过组织信任来影响员工创新行为。

第三，工作调节焦点在组织信任与员工创新行为之间起到正向调节作用。当员工的促进型调节焦点倾向越突出时，组织信任对员工创新行为的影响越强；而员工的防御型调节焦点倾向越突出，组织信任对员工创新行为的影响越弱。其中，工作调节焦点在组织信任和创新构想实施间的正向调节作用显著。

2. 理论贡献

本章揭示了企业社会责任对员工创新行为的影响，以及组织信任和工作调节焦点在两者关系之间的作用，主要有三个方面的理论贡献。

第一，将企业社会责任作为员工创新行为的前因变量展开跨层次研究，揭示其动态影响过程，有助于发现员工创新行为组织层面的影响因素，为类似的实证研究提供了新的思路。已有学者研究了企业社会责任对员工建言行为（Liu et al.，2021）、管家行为（颜爱民等，2020）、环保行为（Tian and Robertson，2019）、帮助行为（Shen and Benson，2016）、创造力（Ahmad et al.，2022）等积极心理与行为的促进作用。此外，周念华等（2021）基于员工感知企业社会责任的视角，发现了个体层面的企业社会责任感知对员工创新行为的影响。Ahmad等（2022）基于社会认同理论，发现企业社会责任感知正向影响员工创造力。本章指出组织层面的企业社会责任实践对员工创新行为会产生跨层次促进作用，突破了以往大多关注个体感知层面的影响研究。

第二，基于社会交换理论，发现了组织信任在企业社会责任对员工创新行为影响过程中的中介作用。互惠是社会交换理论的本质，而信任是直接和间接互惠的最重要的结果（Hansen et al.，2011）。已有研究基于社会认同理论，证实了信任是企业社会责任影响员工玩世不恭态度和管家行为的中介因素（颜爱民等，2020；Archimi et al.，2018）。也有学者指出企业社会责任会通过提高员工的组织信任来降低反生产行为（Kim et al.，2022）。本章探讨了企业社会责任会通过组织信任影响员工创新行为（包括创新构想产生和创新构想实施）的作用机制，并进一步揭示了伦理责任和慈善责任会完全通过组织信任来影响员工创新行为。

第三，从调节焦点理论出发，探究了工作调节焦点在组织信任对员工创新行为影响中的调节作用，丰富了组织信任对员工行为影响的情境因素。已有研究探讨了工作调节焦点在组织认同（Chen et al.，2022）、建设性上级反馈（苏伟琳和林新奇，2022）和创新行为之间关系。本章探究组织信任与创新行为的关系，进一步发现了员工的工作调节焦点不同，组织信任对员工创新行为影响效果也不同，员工的促进型调节焦点倾向越突出，组织信任对员工创新行为的影响越强；而员工的防御型调节焦点倾向越突出，其影响越弱。

4.4.2 企业社会责任、员工道德效能感与非伦理行为

1. 研究结论

本章基于社会学习理论，探究了企业社会责任对员工非伦理行为的跨层次影响机制。通过对 104 家企业的 104 位高管和 1 004 名员工的调查与数据分析，对研究假设进行了验证，得出以下三点结论。

第一，企业社会责任对员工非伦理行为具有显著的跨层次负向影响，发现企业社会责任有助于减少员工非伦理行为。

第二，道德效能感在企业社会责任与员工非伦理行为之间具有完全中介作用。具体而言，当企业积极承担社会责任时，会对员工形成行为示范，增强员工的道德效能感，进而抑制员工的非伦理行为。

第三，责任型领导在企业社会责任与道德效能感之间起正向调节作用，并且责任型领导正向调节了道德效能感在企业社会责任与员工非伦理行为之间的中介作用，即责任型领导水平越高，企业社会责任通过员工道德效能感来抑制非伦理行为的作用越强。

2. 理论贡献

本章揭示了企业社会责任对员工非伦理行为的影响，以及道德效能感和责任型领导在两者关系之间的作用，主要有三个方面的理论贡献。

第一，揭示了企业社会责任对员工非伦理行为的跨层次负向影响，进一步丰富了企业社会责任对员工负面行为的抑制作用机制研究。已有研究大多分析了企业社会责任对员工正面行为的影响，如员工管家行为（颜爱民等，2020）、建言行为（Liu et al., 2021）、绿色行为（AlSuwaidi et al., 2021；张娜等，2021）、环保行为（Tian and Robertson, 2019）、帮助行为（Shen and Benson, 2016）等，但企业社会责任对员工的负面行为也会产生一定的影响，如反生产行为（王哲和张爱卿，2019）。此外，以往实证研究大多从员工感知企业社会责任的研究视角出发，验证了个体层面的企业社会责任感知对员工态度与行为的影响。本章研究结果表明，组织层面的企业社会责任实践对员工非伦理行为会产生跨层次抑制作用，突破以往大多关注个体感知层面的影响研究，是对现有研究的有

益补充。

第二，发现了员工道德效能感和责任型领导在企业社会责任抑制员工非伦理行为过程中的作用，揭示了被调节的中介效应机制。已有研究发现，个体道德效能感的提升能够显著增强其从事道德行为的意向（Hannah et al.，2011a），道德效能感越高，人们就越可能把道德判断和道德倾向转化为道德行为（Afsar et al.，2019）。责任型领导有利于组织及时遏制内部不良行为的产生和不断蔓延，促使组织进行更加有效的道德管理。然而，尚未有研究揭示员工道德效能感和责任型领导对企业社会责任实践效果及员工非伦理行为的影响。本章以员工道德效能感为中介变量，发现了企业社会责任对员工非伦理行为的抑制作用，并进一步揭示了责任型领导作为边界条件在这一中介机制中的调节效应，进一步拓展了道德效能感与责任型领导对员工非伦理行为产生影响的相关研究。

第三，从社会学习理论视角，探究了企业社会责任对员工非伦理行为的影响机制，为后期相关研究提供了新的研究思路。已有研究以社会交换理论（Liu et al.，2021）、社会认同理论（Tian and Robertson，2019）和自我决定理论（王娟等，2017）等视角为基础，探究企业社会责任对员工行为的影响，但尚未有研究将社会学习理论纳入企业社会责任如何影响员工行为的研究中。本章从社会学习理论视角出发，探究了企业社会责任对员工非伦理行为的抑制作用，开拓了一种全新的研究视角。

4.4.3 社会责任型人力资源管理与员工主动行为

1. 研究结论

本章通过对 100 家公司的 1 000 名员工的调查与分析，探究了社会责任型人力资源管理与员工主动行为之间的关系，主要有以下三点结论。

第一，社会责任型人力资源管理（组织层面）能够影响员工的主动行为（个人层面）。

第二，内部人身份感知在社会责任型人力资源管理与员工主动行为之间起中介作用，即社会责任型人力资源管理通过增强员工的内部人身份感知，从而影响员工的主动行为。

第三，员工的集体主义倾向在调节内部人身份感知与其主动行为之间的关系方面起着积极的作用。

2. 理论贡献

本章验证了社会责任型人力资源管理对员工主动行为的影响，以及员工的内部人身份感知和集体主义倾向在两者关系之间的作用，主要有三个方面的理论贡献。

第一，基于社会交换理论，通过实证研究探讨了社会责任型人力资源管理对员工主动行为的跨层次影响，发现社会责任型人力资源管理影响员工主动行为，为组织在实践中影响员工主动行为提供了有效参考。研究结果表明，社会责任型人力资源管理对员工主动行为有积极影响。本章研究结果证实了 Zhao 等（2019）的观点，确定了社会责任型人力资源管理对员工行为的影响。这一发现再次证实了 Hu 等（2018）的研究，即当员工认为组织关心自己的福利时，他们就会通过表现对组织有益的行为来回报组织，如主动行为。

第二，探讨了内部人身份感知在社会责任型人力资源管理与员工主动行为之间的中介作用，最终发现内部人身份感知在社会责任型人力资源管理与员工主动行为之间起中介作用。具体来说，社会责任型人力资源管理将通过强化员工的内部人身份感知来影响员工主动行为。该研究的发现证实了 Zhao 等（2019）的观点，即社会责任型人力资源管理会影响员工的内部人身份感知，从而影响其主动行为。研究结果与 Ding 等（2017）的研究相一致，即内部人身份感知对主动行为有积极影响。

第三，考察了集体主义倾向在内部人身份感知与员工主动行为之间的调节作用，最终发现集体主义倾向在内部人身份感知与员工主动行为之间起积极的调节作用，即集体主义倾向越高，内部人身份感知对员工主动行为的积极影响越强。这与 Ramamoorthy 等（2012）的研究结果一致，也与 Peter 和 Alexander（2014）的研究一致，即具有集体主义倾向的人会为集体利益努力，并与集体相互依存，这证实了具有较高集体主义倾向的员工更容易表现出主动性。

4.5　企业管理启示

4.5.1　企业社会责任对员工创新行为的积极影响

本章揭示了企业社会责任对员工创新行为的影响，以及组织信任和工作调节焦点在两者关系之间的作用，主要有以下三点管理启示。

第一，企业社会责任作为重要的战略工具之一，对于促进员工创新，提升企业创新绩效有积极效果。企业不仅要主动规划并积极推行社会责任实践，还应重新审视当前的企业社会责任实践活动，并将范围从经济和法律扩展至伦理和慈善的高层次社会责任承担。此外，企业还要重视社会责任实践对员工态度及行为的影响，选择既符合企业文化又能对员工产生积极影响的社会责任活动，这才是保证员工积极实现组织目标，赢得长期竞争优势的关键来源。

第二，企业应关注并提升员工对组织的信任，提高组织实践对员工行为影响的有效性。组织信任是组织与员工关系的桥梁，企业在全面履行社会责任的同时，还需要向员工展现企业所提倡的伦理道德标准，树立积极仁善的形象，使员工相信企业愿意投入资源解决社会问题，科学高效提升和保持员工高水平的组织信任，从而促使员工有更多积极良好的创新工作态度及行为，以提升企业的竞争能力和创新绩效。

第三，针对不同工作调节焦点倾向的员工，企业应适时调整其人力资源管理的侧重点，以推动员工创新。对于促进型调节焦点倾向突出的员工，企业在管理过程中应注重及时激励等积极反馈，肯定并赞扬其工作中的成果贡献，不断提高他们对组织的信任程度，使他们不断涌现创新想法并付诸实践，在各个领域持续开拓创新。对于防御型调节焦点倾向突出的员工，企业在进行管理过程中应运用自我察觉等消极反馈，让员工能够体察组织愿意包容错误和失败。因此，在复杂的管理实践中，企业应采取不同的方式鼓励不同特质的员工进行创新活动，提升企业的人才竞争优势和自主创新能力。

4.5.2　企业社会责任对员工非伦理行为的防范作用

本章基于社会学习理论，探讨企业社会责任对员工非伦理行为的跨层次影响，主要有以下三点管理启示。

第一，履行社会责任作为企业重要的实践活动，对员工行为有积极的示范作用。因此，企业应提升社会责任在组织中的战略地位，将社会责任融入企业战略，构建负责任的组织环境，加大在社会责任方面的投入，多层次、全方位地承担社会责任，并重视其对员工的示范效果。如今，道德管理的需求不断增加，商业道德的重要性不断上升（Kim and Vandenberghe，2021），当企业频繁出现员工消极怠工、盗窃财物等损害公司利益的非伦理行为时，企业管理者应该反思是否在伦理与社会责任承担方面存在不足之处，加强与员工的沟通和交流，对员工进行正确引导，以便于及时纠正错误。

第二，企业应关注员工在伦理道德方面的心理状态，通过培训、考核与激励等措施激发员工的道德效能感。在管理过程中，企业应注重对员工进行伦理道德方面的教育培训，开展相关活动，进而营造良好的组织伦理氛围。企业应将伦理道德能力作为考核指标纳入绩效管理体系，以引导员工重视伦理道德能力的提升，避免员工非伦理行为的发生。同时，管理者也需要及时给予员工精神鼓励和心理辅导，提高员工道德效能感，从而降低非伦理行为发生的可能性。

第三，企业应重视对高层管理者责任型领导风格的培养。随着经济转型升级和社会快速发展，企业应进一步增强管理者的责任意识，使管理者在进行决策时充分考虑利益相关者的期望。具体而言，企业在对管理者的招聘选拔和晋升决策中，需要特别考虑其是否具有较强的责任心。除此之外，企业应制定相关的培训制度和能力培养方案，提升不同层级管理者的责任型领导力。当高层管理者具有责任型领导风格时，其与企业社会责任具有一致性，进而对员工产生更加强烈的示范效应，从而实现"1+1>2"的实践效果，这时企业的一系列举措更容易对员工产生积极影响，为企业带来更加有利的内部管理效果。

4.5.3 社会责任型人力资源管理对员工主动行为的积极影响

本章实证检验了社会责任型人力资源管理与员工主动行为之间的正向关系，主要有以下三点管理启示。

第一，作为企业重要的实践活动，社会责任型人力资源管理能够对员工的主动行为产生显著的积极影响，这表明社会责任型人力资源管理具有良好的内部效应。因此，企业应重视开展社会责任型人力资源管理，提高企业中面向员工的社会责任的战略地位，多层次、全方位地承担社会责任，并注意其内部效应。

第二，内部人身份感知在社会责任型人力资源管理与员工主动行为之间起着中介作用。这表明，公司应注重提高员工的内部人身份感知，如充分承担社会责任，教育和培训员工，营造良好的组织氛围，促进员工的主动行为，增加主动行为对公司的影响。

第三，集体主义倾向可以增强内部人身份感知对员工主动行为的内部效应。因此，企业应注重培养员工的共享/团队目标。当员工承担实现团队目标的责任时，其社会责任型人力资源管理活动将产生更为有利的实施效果，企业的一系列举措更容易对员工产生积极影响，并对企业带来有利的内部效应。

本 章 附 录

一、企业社会责任[①]

1. 公司致力于争取利润最大化。

---

① Maignan I, Ferrell O C. Corporate citizenship as a marketing instrument—concepts, evidence and research directions[J]. European Journal of Marketing, 2001, 35（3/4）：457-484.

2. 公司努力控制（节约）生产成本。

3. 公司持续改进经济效益。

4. 公司为企业的长期获利做充分的计划。

5. 公司确保员工在法律规定的标准下工作。

6. 公司履行合同规定的义务。

7. 公司不会因改善经济绩效而触犯法律。

8. 公司总是服从监督机构的监督和管理。

9. 公司即使对经济效益造成负面影响，也要考虑伦理要求。

10. 公司确保对伦理道德标准的考虑要优先于经济绩效。

11. 公司致力于提倡伦理道德行为。

12. 公司避免为了实现企业目标而松懈对道德标准的要求。

13. 公司帮助解决社会问题。

14. 公司参与管理公共事务。

15. 公司将企业一部分资源（物力/财力）用于慈善活动。

16. 公司不仅创造利润，还在社会中承担一定责任。

二、组织信任①

1. 我相信我的公司是非常正直的。

2. 我在公司的发展是可以预期的。

3. 我的公司总是诚实可靠的。

4. 总的来说，我相信公司的动机和意图是好的。

5. 我认为公司能够公正地对待我。

6. 我的公司对我是坦率、直接的。

7. 我完全相信公司的决策。

三、员工创新行为②

1. 我会主动寻找可以改善公司、部门、工作流程或服务等的机会。

2. 我会识别出那些能够对公司、部门、工作和客户产生积极影响的机会。

---

① Robinson S L. Trust and breach of the psychological contract[J]. Administrative Science Quarterly, 1996, 41（4）：574-599.

② 黄致凯. 组织创新气候知觉、个人创新行为、自我效能知觉与问题解决型态关系之研究——以银行业为研究对象[D]. 中山大学（台湾）硕士学位论文，2004.

3. 我会注意工作、部门、公司或市场中不易被发现的问题。

4. 我会针对问题提出新的构想或解决方法。

5. 我会从不同的角度看待问题，以获得更深入的见解。

6. 我会尝试新的构想或解决问题的新方法，以发现尚存的问题。

7. 我会尝试新的构想或解决问题的新方法，以了解未被满足的需求。

8. 我会评估新方法的优缺点。

9. 我会评估新方法的可行性。

10. 我会尝试说服他人了解新方法的重要性。

11. 我会主动去推动新方法，使其有机会被实施。

12. 我会想办法争取所需资源，以实现新方法。

13. 我会冒一定的风险，以支持（推行）新方法。

14. 我会制订合适的计划和方案，以落实新方法。

15. 我会从事可能产生好处的改变。

16. 当应用新方法在工作流程、技术、产品或服务时，我会设法修正新方法所产生的问题。

17. 我会将已被认可的新方法，具体实行于日常工作中。

四、工作调节焦点①

1. 在工作中，我会抓住一切机会来最大化我的成长目标。

2. 在工作中，我愿意为了成功而冒一些风险。

3. 如果有一个参与高风险高回报项目的机会，我会毫不犹豫加入。

4. 如果我的工作不能提升我自己，我会去寻找一份新工作。

5. 当我在找工作时，能否使自己得到成长是一个很关键的考虑因素。

6. 我会专注于完成那些能够提升我自己的工作任务。

7. 我会用大量的时间去思考怎么实现自己的理想。

8. 我想成为什么样的人影响着我的工作优先次序。

9. 在工作中，我的理想和希望激励着我。

10. 为了获得工作安全感，我专注于正确地完成工作任务。

11. 在工作中，我常常专注于完成那些能够带来工作安全感的任务。

12. 当我在找工作时，工作安全感是一个很关键的考虑因素。

13. 在工作中，我专注于完成公司分配给我的职责。

---

① Neubert M J, Kacmar K M, Carlson D S, et al. Regulatory focus as a mediator of the influence of initiating structure and servant leadership on employee behavior[J]. Journal of Applied Psychology，2008，93（6）：1220-1232.

14. 在工作中，我努力地履行其他人赋予我的责任和义务。

15. 履行工作职责对我来说非常重要。

16. 在工作中，我会采取一切措施来避免损失。

17. 我会将我的注意力放在避免工作中的失败上。

18. 我会谨慎地避免自己陷于那些可能在工作中遭受损失的情景中。

五、道德效能感[①]

1. 会表明其能意识到利益相关者的诉求。

2. 会充分考虑决策结果对利益相关者的影响。

3. 会让受影响的利益相关者参与到决策过程中。

4. 会在决策前权衡不同利益相关者的诉求。

5. 促使受影响的利益相关者达成统一的结果。

六、责任型领导[②]

1. 对抗那些采用非伦理措施来解决问题的人。

2. 很容易看到自己面临的挑战中所包含的道德/伦理问题。

3. 与其他人合作来解决道德/伦理争议。

4. 解决一个道德/伦理决策时采取果断行动。

5. 当面对道德/伦理困境时，决定需要做什么。

七、员工非伦理行为[③]

1. 夸大产品或服务的优势。

2. 声称生病以便请假，即使其他人必须弥补我的空缺。

3. 带走公司的一些小物品，如文具等。

4. 给他人送礼或给予他人好处以换取他人的优待。

5. 泄露同事的隐私。

---

① Hannah S T, Avolio B J. Moral potency: building the capacity for character-based leadership[J]. Consulting Psychology Journal: Practice and Research, 2010, 62（4）: 291-310.

② Voegtlin C. Development of a scale measuring discursive responsible leadership[J]. Journal of Business Ethics, 2011, 98（1）: 57-73.

③ Peterson D K. The relationship between unethical behavior and the dimensions of the ethical climate questionnaire[J]. Journal of Business Ethics, 2002, 41（4）: 313-326.

6. 说谎掩盖某人的错误。

7. 伪造时间/质量/数量报告。

8. 包庇他人违反公司规章制度的行为。

9. 虚报费用超过 10%。

八、社会责任型人力资源管理[①]

1. 我公司确保人力资源管理机会均等。

2. 我公司员工的工资高于最低工资且基于他们的表现。

3. 我公司的工作时间不超过劳动法允许的最高时间。

4. 我公司不雇用童工或强迫劳动。

5. 我公司对职业健康安全有明确、详细的规定。

6. 我公司任命员工监督合作伙伴的劳动标准，如供应商和承包商。

7. 我公司采用灵活的工作时间和就业计划，实现工作与生活的平衡。

8. 员工参与决策和全面质量管理。

9. 工会可以代表和保护工人的权利，并可以参与确定劳动条款。

10. 我公司为员工提供充分的培训和发展机会。

11. 我公司任命了足够的员工来执行一般的企业社会责任倡议。

12. 我公司奖励为慈善事业、社区和社会做出贡献的员工。

13. 我公司优先录用有困难的本地候选人。

九、内部人身份认知[②]

1. 我觉得自己是工作组织的一部分。

2. 我的工作组织让我相信自己也在其中。

3. 我觉得自己是这个组织的"局外人"。

4. 我觉得自己不属于这个组织。

5. 我觉得自己是工作单位的"内部人"。

6. 我的工作组织经常让我感到被冷落。

---

① Shen J. Developing the concept of socially responsible international human resource management[J]. International Journal of Human Resource Management，2011，22（2）：1351-1363.

② Stamper C L，Masterson S S. Insider or outsider? How employee perceptions of insider status affect their work behavior[J]. Journal of Organization Behavior，2002，23（3）：875-894.

十、员工主动行为①

1. 我积极解决问题。
2. 无论何时出现问题，我都会立即寻找解决方案。
3. 只要有机会积极参与，我就会抓住。
4. 即使别人不这样做，我也会立即采取行动。
5. 我很快地利用机会来实现我的目标。
6. 通常我做的比别人要求的要多。
7. 我特别善于实现想法。

十一、集体主义倾向②

1. 如果同事获奖，我会感到自豪。
2. 同事的幸福对我来说很重要。
3. 对我来说，快乐是与他人共度时光。
4. 与他人合作时我感觉良好。

---

① Frese M，Fay D，Hilburger T，et al. The concept of personal initiative：operationalization，reliability and validity in two German samples[J]. Journal of Occupational and Organizational Psychology，1997，70（2）：139-161.

② Triandis H C，Gelfand M J. Converging measurement of horizontal and vertical individualism and collectivism[J]. Journal of Personality and Social Psychology，1998，74（1）：118.

第5章 总结与展望

5.1 本书工作总结

5.1.1 高层领导对企业社会责任行为的驱动机制

已有学术和实践研究发现企业社会责任行为主要受企业内部和外部因素的影响。在企业内部，企业社会责任行为受到不同领导风格（如伦理型领导和变革型领导）及组织文化、组织氛围等的影响。本书从内部视角出发，考察企业高管的领导方式对企业社会责任行为的影响，主要研究了伦理型领导和战略型领导两种领导方式对企业履行社会责任的影响机制。

本书从动态能力视角出发，分别聚焦了王石及其创建的万科集团、我国环渤海经济区的民营企业等研究对象，以组织健康为导向构建并检验了伦理型领导对组织健康要素的影响机制。从组织合法性视角，以企业中高层管理者为研究对象，探讨了战略型领导与企业社会责任的关系，并检验组织文化与制度压力在其中的作用。研究结果为企业社会责任的推广提供新的途径，为企业管理者的甄选与评价提供新的思路，为政府部门的企业社会责任管理提供建议。

5.1.2 企业社会责任对员工态度的跨层次影响

随着社会对企业社会责任问题的日益重视，管理者越来越关注如何制定相关的政策，将企业社会责任与人力资源管理实践和员工主动性结合起来。已有学者研究了企业社会责任对员工的组织认同感、组织承诺、组织公民行为等工作态度及行为的影响。盖洛普、翰威特等咨询公司研究发现，员工敬业度是预测组织绩效的重要指标，而且大量实证研究证实：敬业的员工对待自己的工作会更加充满活力、专注并乐于奉献，更可能为组织带来持续竞争优势。因此，本书通过实证研究来探讨面向不同利益相关者的企业社会责任对员工敬业度的跨层次影响机制。

首先，以海底捞为对象展开案例研究，分析企业社会责任促进员工敬业度的内在机制，构建并检验了企业社会责任对员工敬业度的影响机制模型。其次，构建以雇佣关系感知为中介变量、真实型领导为调节变量的研究模型，检验企业社会责任对员工敬业度的影响及作用机制。最后，检验了 CEO 的真实型领导风格对员工敬业度的正向影响，并验证了雇佣关系氛围在二者之间的中介作用，以及组织文化的调节效应。

5.1.3　企业社会责任对员工行为的跨层次影响

企业社会责任履行除了对员工态度产生重要影响，对员工的行为会有何影响，其影响机制是什么，本书对这一问题进行了比较全面的回答。通过跨层次的实证研究探讨了企业层面的社会责任履行对员工层面的创新行为、非伦理行为和主动行为的影响效果和机制。首先，检验了企业社会责任对员工创新行为的影响机制；其次，检验了企业社会责任对员工非伦理行为的跨层次影响；最后，探讨了社会责任型人力资源管理对员工主动行为的跨层次影响机制。本书的研究结论对企业积极承担社会责任、优化人力资源管理配置具有积极的指导意义。

5.2　对今后研究工作的展望

5.2.1　企业社会责任行为的多种驱动机制研究

第一，从总体来看，本书聚焦于内部视角探究企业社会责任的内部驱动机制，选取王石及其创建的万科集团、我国环渤海经济区的民营企业等研究对象，以组织健康为导向构建并检验了企业社会责任的驱动机制模型。未来可进一步从外部视角或内外部交互视角的角度探究企业社会责任的驱动机制。

第二，从理论视角来看，本书基于动态能力和组织合法性的视角探究企业社会责任的驱动机制，具体来看，本书基于动态能力视角进行了伦理型领导与组织健康内涵及作用关系的案例研究，另外也进行了伦理型领导对组织健康要素影响的实证检验；从组织合法性视角，探讨战略型领导与企业社会责任的关系，并检验组织文化与制度压力在其中的作用。未来可从其他的理论视角出发，以丰富企业社会责任的驱动机制研究。

第三，从研究方法来看，本书主要采用了单案例研究和实证研究两种方法。在案例研究方面，未来研究可选择多案例研究方法或纵向案例研究方法，针对不同企业的管理实践展开深入剖析，探索更有典型性的研究结果。在实证研究方面，本书侧重基于静态研究方法来探究企业社会责任的驱动机制，未能反映变量之间的动态因果关系，未来研究可采用动态追踪的方法，来深入探讨变量之间的关系。

5.2.2　企业社会责任行为的多重影响效应研究

从员工态度出发，本书基于社会交换理论，构建并检验了企业社会责任对员工敬业度的影响机制模型。首先，基于海底捞的案例探讨了企业社会责任促使员工敬业度的内在机制；其次，通过实证研究，检验真实型领导对员工敬业度的影响机制；最后，基于社会交换理论，检验了企业社会责任对员工敬业度的跨层次影响。基于此，未来可继续探索企业社会责任对员工其他方面的态度尤其是消极态度的影响。

从员工行为出发，本书构建并检验了企业社会责任对员工行为的影响机制模型。具体来看，本书检验了企业社会责任对员工创新行为及非伦理行为的影响，同时也验证了社会责任型人力资源管理对员工主动行为的影响。未来可以从以下方面展开研究：在员工积极行为方面，未来可以研究企业社会责任对员工的主动变革行为、越轨创新行为的影响；在员工消极行为方面，未来可以研究企业社会责任对员工职业倦怠、越轨行为、沉默行为的影响。

参 考 文 献

卞倩雯. 2016. 变革型领导、心理授权与员工敬业度的关系研究述评[J]. 中外企业家，（22）：84-85.

曹元坤，徐红丹. 2017. 调节焦点理论在组织管理中的应用述评[J]. 管理学报，14（8）：1254-1262.

晁罡，申传泉，张树旺，等. 2013. 伦理制度、企业社会责任行为与组织绩效关系研究[J]. 中国人口·资源与环境，23（9）：143-148.

陈致中，张德. 2009. 中国背景下的组织文化认同度模型建构[J]. 科学学与科学技术管理，30（12）：64-69.

范恒，周祖城. 2018. 伦理型领导与员工自主行为：基于社会学习理论的视角[J]. 管理评论，30（9）：164-173.

方杰，张敏强，邱皓政. 2010. 基于阶层线性理论的多层级中介效应[J]. 心理科学进展，18（8）：1329-1338.

方来坛，时勘，张风华. 2010. 员工敬业度的研究述评[J]. 管理评论，22（5）：47-55.

冯臻，焦豪，邓少军. 2009. 动态能力理论视角下企业社会责任行动提升的研究[J]. 兰州学刊，（8）：116-119.

付非，赵迎欢. 2017. 企业社会责任、员工工作满意度与组织认同[J]. 技术经济与管理研究，（4）：64-68.

高明华. 2019. 中国企业家的时代使命[J]. 人民论坛，（7）：70-72.

韩翼，杨百寅. 2011. 真实型领导、心理资本与员工创新行为：领导成员交换的调节作用[J]. 管理世界，（12）：78-86，188.

郝云宏，叶燕华，金杨华，等. 2015. 组织伦理氛围对员工敬业度的影响——过程模型探索[J]. 应用心理学，21（3）：234-241，280.

何文心，刘新梅. 2021. 团队防御型调节焦点对新产品创造力的双刃剑效应[J]. 管理学报，18（5）：712-721.

黄林，朱芳阳. 2018. 民营科技企业社会责任与企业绩效的实证研究：社会资本视角[J]. 科技管理研究，（4）：209-217.

黄培伦, 尚航标, 李海峰. 2009. 组织能力: 资源基础理论的静态观与动态观辨析[J]. 管理学报, 6 (8): 1104-1109.

黄艺翔, 姚铮. 2015. 企业是出于道德意识履行社会责任吗[J]. 山西财经大学学报, 37 (7): 60-70.

黄昱方, 钱兆慧. 2014. 高绩效工作系统对员工敬业度的影响机理研究[J]. 管理学报, 11 (11): 1646-1654.

黄致凯. 2004. 组织创新气候知觉、个人创新行为、自我效能知觉与问题解决型态关系之研究——以银行业为研究对象[D]. 中山大学 (台湾) 硕士学位论文.

姜友文, 张爱卿. 2015. 企业履行社会责任对员工心理状态及工作敬业度的影响[J]. 云南社会科学, (4): 77-82.

焦凌佳, 彭纪生, 吴红梅. 2012. 伦理型领导对员工建言行为的影响机制研究[J]. 现代管理科学, (6): 28-30.

金杨华, 谢瑶瑶. 2015. 伦理型领导对知识员工公正感和满意度的影响[J]. 科研管理, 36 (12): 75-82.

李大元, 项保华, 陈应龙. 2009. 企业动态能力及其功效: 环境不确定性的影响[J]. 南开管理评论, 12 (6): 60-68.

李姝, 柴明洋, 狄亮良. 2019. 社会责任偏重度、产权性质与盈余管理——道德行为还是机会主义?[J]. 预测, 38 (6): 1-8.

李懿, 李新建, 刘翔宇. 2018. 技能延展力与员工创新行为的关系研究——工作复杂性与心理安全感的调节作用[J]. 研究与发展管理, (5): 104-114.

李召敏, 赵曙明. 2015. 战略型领导行为对员工工作态度的影响机制——基于劳资关系氛围的视角[J]. 华东经济管理, 29 (11): 15-22.

李召敏, 赵曙明. 2017. 劳资关系氛围五维度对员工心理安全和工作嵌入的影响——基于中国广东和山东两地民营企业的实证研究[J]. 管理评论, 29 (4): 108-121.

刘柏, 卢家锐. 2018. "顺应潮流"还是"投机取巧": 企业社会责任的传染机制研究[J]. 南开管理评论, 21 (4): 182-194.

刘洪深, 汪涛, 周玲, 等. 2013. 制度压力、合理性营销战略与国际化企业绩效——东道国受众多元性和企业外部依赖性的调节作用[J]. 南开管理评论, 16 (5): 123-132, 160.

刘生敏, 廖建桥. 2015. 真实型领导真能点亮员工的希望之言吗?[J]. 管理评论, 27 (4): 111-121.

刘泱, 朱伟, 赵曙明. 2016. 包容型领导风格对雇佣关系氛围和员工主动行为的影响研究[J]. 管理学报, 13 (10): 1482-1489.

刘远, 周祖城. 2015. 员工感知的企业社会责任、情感承诺与组织公民行为的关系——承诺型人力资源实践的跨层调节作用[J]. 管理评论, (10): 118-127.

马晨, 周祖城. 2015. 员工的企业伦理态度对PCSR与工作满意度和情感承诺关系的影响研究[J].

管理学报，12（11）：1671-1677.

马苓，陈昕，赵曙明. 2018a. 企业社会责任在组织行为与人力资源管理领域的研究述评与
展望[J]. 外国经济与管理，40（6）：59-72.

马苓，陈昕，赵曙明，等. 2020. 企业社会责任促使员工敬业的内在机制——基于海底捞的案例
分析[J]. 管理案例研究与评论，13（3）：274-286.

马苓，许朋，赵曙明，等. 2018b. 伦理型领导对组织健康要素的影响研究[J]. 华东经济管
理，32（4）：134-140.

莫申江，王重鸣. 2010. 国外伦理型领导研究前沿探析[J]. 外国经济与管理，32（2）：32-37.

彭坚，杨红玲. 2018. 责任型领导：概念变迁、理论视角及本土启示[J]. 心理科学，41（6）：
1464-1469.

秦许宁，张志鑫，闫世玲. 2022. 员工创新行为对反生产行为的影响：心理所有权和道德认同的
作用[J]. 科研管理，43（5）：86-93.

尚航标，黄培伦. 2010. 管理认知与动态环境下企业竞争优势：万和集团案例研究[J]. 南开管理
评论，13（3）：70-79.

沈奇泰松，葛笑春，宋程成. 2014. 合法性视角下制度压力对 CSR 的影响机制研究[J]. 科研管
理，35（1）：123-130.

石春生，何培旭，刘微微. 2011. 基于动态能力的知识资本与组织绩效关系研究[J]. 科技进步与
对策，28（5）：144-149.

时勘，周海明，朱厚强，等. 2016. 健康型组织的概念、结构及其研究进展[J]. 苏州大学学报
（教育科学版），4（2）：15-26.

宋铁波，曾萍. 2011. 合作还是创新？企业家精神对动态能力的影响——基于广东温氏的经验发
现[J]. 研究与发展管理，23（5）：11-20.

苏敬勤，张琳琳. 2016. 变革型领导行为对企业绩效的作用机制研究——以中国汽车企业为
例[J]. 科学学与科学技术管理，37（3）：155-165.

苏涛，陈春花，崔小雨. 2017. 信任之下，其效何如——来自 Meta 分析的证据[J]. 南开管理评
论，20（4）：179-192.

苏伟琳，林新奇. 2022. 建设性上级反馈与下属创新行为：调节焦点与工作卷入的作用[J]. 科技
进步与对策，39（3）：137-144.

王昶，周登，Shawn P D. 2012. 国外企业社会责任研究进展及启示[J]. 华东经济管理，26（3）：
150-154.

王冬冬，钱智超. 2017. 领导成员交换差异与新生代员工敬业度的关系研究[J]. 科学学与科学技
术管理，38（4）：172-180.

王端旭，赵君. 2013. 伦理型领导影响员工非伦理行为的中介机制研究[J]. 现代管理科学，
（6）：20-22.

王锋. 2020. 高层领导者战略领导行为对企业经营绩效的作用机制研究[J]. 统计与管理，35（4）：

79-82.

王弘钰，于佳利. 2022. 权力感对越轨创新的影响机制研究——基于中国本土文化的解释[J]. 现代财经（天津财经大学学报），42（4）：3-19.

王辉，忻蓉，徐淑英. 2006. 中国企业 CEO 的领导行为及对企业经营业绩的影响[J]. 管理世界，（4）：87-96.

王辉，张文慧，忻榕. 2011. 战略型领导行为与组织经营效果：组织文化的中介作用[J]. 管理世界，（9）：93-104.

王娟，张喆，贾明. 2017. 员工感知的企业社会责任与反生产行为：基于亲社会动机和内在动机的视角[J]. 预测，36（5）：8-14，23.

王清刚，徐欣宇. 2016. 企业社会责任的价值创造机理及实证检验——基于利益相关者理论和生命周期理论[J]. 中国软科学，（2）：179-192.

王兴琼. 2009. 企业组织健康的维度验证与程度计量[J]. 南开管理评论，（3）：135-141.

王兴琼. 2012. 基于仿生视角的组织健康外在表征与内在机制分析[J]. 科技管理研究，32（20）：225-229.

王兴琼，陈维政. 2008. 组织健康：概念、特征及维度[J]. 心理科学进展，16（2）：321-327.

王艳子，李洋. 2019. 责任型领导与员工工作偏离行为的关系：一个被调节的中介效应模型[J]. 中央财经大学学报，（11）：105-114.

王哲，张爱卿. 2019. 内部企业社会责任对员工反生产行为的影响——组织认同的中介和理想主义道德标准的调节[J]. 经济管理，41（8）：130-146.

王桢，陈乐妮，李旭培. 2015. 变革型领导与工作投入：基于情感视角的调节中介模型[J]. 管理评论，27（9）：120-129，212.

王震，宋萌，孙健敏. 2014. 真实型领导：概念、测量、形成与作用[J]. 心理科学进展，22（3）：458-473.

王忠诚，王耀德. 2016. 伦理型领导、知识共享与员工创新行为[J]. 求索，（6）：95-99.

卫武，夏清华，资海喜，等. 2013. 企业的可见性和脆弱性有助于提升对利益相关者压力的认知及其反应吗？——动态能力的调节作用[J]. 管理世界，（11）：101-117.

温忠麟，叶宝娟. 2014. 中介效应分析：方法和模型发展[J]. 心理科学进展，22（5）：731-745.

文鹏，夏玲，陈诚. 2016. 责任型领导对员工揭发意愿与非伦理行为的影响[J]. 经济管理，38（7）：82-93.

吴航. 2016. 动态能力的维度划分及对创新绩效的影响——对 Teece 经典定义的思考[J]. 管理评论，28（3）：76-83.

席猛，刘玥玥，徐云飞，等. 2018. 基于社会交换理论的多重雇佣关系模式下员工敬业度研究[J]. 管理学报，15（8）：1144-1152.

谢昕琰，刘溯源. 2021. 财务绩效、制度压力与企业社会责任[J]. 统计与决策，37（7）：170-173.

谢昕琰，楼晓玲. 2018. 制度压力下的企业研发投入与社会责任——基于中国私营企业调查数据的实证研究[J]. 华东理工大学学报（社会科学版），33（1）：9-20，58.

邢雷，时勘，臧国军，等. 2012. 健康型组织相关问题研究[J]. 中国人力资源开发，（5）：15-21.

徐尚昆. 2012. 中国企业文化概念范畴的本土构建[J]. 管理评论，24（6）：124-132.

徐云飞，席猛，赵曙明. 2017. 员工-组织关系研究述评与展望[J]. 管理学报，14（3）：466-474.

许晖，郭净，邓勇兵. 2013. 管理者国际化认知对营销动态能力演化影响的案例研究[J]. 管理学报，10（1）：30-40.

颜爱民，陈世格，林兰. 2020. 投桃何以报李：企业内外部社会责任对管家行为的影响机制研究[J]. 中国人力资源开发，37（1）：84-97.

颜爱民，李歌. 2016. 企业社会责任对员工行为的跨层分析——外部荣誉感和组织支持感的中介作用[J]. 管理评论，28（1）：121-129.

颜爱民，单良，徐婷. 2017. 员工感知的企业社会责任对建言行为的作用机制研究[J]. 软科学，31（7）：76-79，88.

杨菊兰. 2016. 企业社会责任行为对员工工作绩效的跨层次作用机制研究[D]. 山西财经大学硕士学位论文.

杨齐. 2014. 伦理型领导、组织认同与知识共享：心理安全的调节中介作用[J]. 华东经济管理，28（1）：123-127.

杨震宁，王以华. 2008. 基于免疫的组织健康捍卫机制建构：一个案例[J]. 南开管理评论，（5）：102-112.

尹珏林. 2012. 中国企业履责动因机制实证研究[J]. 管理学报，9（11）：1679-1688.

于飞，胡泽民，袁胜军. 2020. 打开制度压力与企业绿色创新之间的黑箱——知识耦合的中介作用[J]. 预测，39（2）：1-9.

张钢，李慧慧. 2020. 从个体领导力到组织领导力——战略领导力研究的新趋向[J]. 中国地质大学学报（社会科学版），20（5）：106-118.

张琳，张晓军，席酉民. 2016. 资源基础观的微观基础探寻：领导者对组织资源获取的影响[J]. 科技进步与对策，33（8）：128-132.

张娜，张剑，田慧荣. 2021. 企业社会责任特征对员工绿色行为的影响：基于道德决策的机制模型[J]. 中国人力资源开发，38（3）：33-47.

张玮，刘延平. 2015. 组织文化对组织承诺的影响研究——职业成长的中介作用检验[J]. 管理评论，27（8）：117-126.

张燕，陈维政. 2012. 工作场所偏离行为研究中自我报告法应用探讨[J]. 科研管理，33（11）：76-83.

张燕红，廖建桥. 2015. 团队真实型领导、新员工反馈寻求行为与社会化结果[J]. 管理科学，

28（2）：126-136.

张永军. 2015. 伦理型领导对员工反生产行为的影响：基于组织的自尊的中介检验[J]. 中国管理科学，（S1）：645-649.

张振刚，余传鹏，李云健. 2016. 主动性人格、知识分享与员工创新行为关系研究[J]. 管理评论，28（4）：123-133.

赵荔，苏靖. 2019. 制度压力与中小企业亲环境：先前经验的调节作用[J]. 企业经济，38（12）：14-21.

赵曙明，裴宇晶. 2011. 企业文化研究脉络梳理与趋势展望[J]. 外国经济与管理，33（10）：1-8，16.

赵瑜，莫申江，施俊琦. 2015. 高压力工作情境下伦理型领导提升员工工作绩效和满意感的过程机制研究[J]. 管理世界，（8）：120-131.

郑琴琴，陆亚东. 2018. "随波逐流"还是"战略选择"：企业社会责任的响应机制研究[J]. 南开管理评论，21（4）：169-181.

郑晓明，王倩倩. 2016. 伦理型领导对员工助人行为的影响：员工幸福感与核心自我评价的作用[J]. 科学学与科学技术管理，37（2）：149-160.

周浩，龙立荣. 2004. 共同方法偏差的统计检验与控制方法[J]. 心理科学进展，12（6）：942-950.

周念华，余明阳，辛杰. 2021. 感知的企业社会责任对员工创新行为作用机制的实证研究[J]. 研究与发展管理，33（6）：111-123.

周祖城. 2011. 走出企业社会责任定义的丛林[J]. 伦理学研究，（3）：52-58.

Adam M G, Sharon K P. 2009. Redesigning work design the ories：the rise of relational and proactive perspectives[J]. Annals，23（3）：317-375.

Adner R，Helfat C. 2003. Dynamic managerial capabilities and corporate effects[J]. Strategic Management Journal，24（10）：1011-1027.

Afsar B，Shahjehan A，Afridi S A, et al. 2019. How moral efficacy and moral attentiveness moderate the effect of abusive supervision on moral courage?[J]. Ekonomska Istraživanja Economic Research，32（1）：3431-3450.

Aguinis H，Glavas A. 2012. What we know and don't know about corporate social responsibility：a review and research agenda[J]. Journal of Management，38（4）：932-968.

Ahmad N，Ullah Z，Aldhaen E，et al. 2022. Fostering hotel-employee creativity through micro-level corporate social responsibility：a social identity theory perspective[J]. Frontiers in Psychology，13（4）：1-12.

Aiken L S，West S G. 1991. Multiple Regression：Testing and Interpreting Interactions[M]. Newbury Park：Sage.

AlSuwaidi M，Eid R，Agag G. 2021. Understanding the link between CSR and employee green behaviour[J]. Journal of Hospitality and Tourism Management, 46（11）: 50-61.

Anderson N, Potocnik K, Zhou J. 2014. Innovation and creativity in organizations: a state-of-the-science review, prospective commentary, and guiding framework[J]. Journal of Management, 40（5）: 1297-1333.

Anne S T, Jone L P, Lyman W P, et al. 2017. Alternative approaches to the employee-organization relationship: does investment in employees pay off?[J]. Academy of Management Journal, 40（5）: 1089-1121.

Aragón Correa J A, Sharma S. 2003. A contingent resource-based view of proactive corporate environmental strategy[J]. Academy of Management Review, 28（1）: 71-88.

Archimi C S, Reynaud E, Yasin H M, et al. 2018. How perceived corporate social responsibility affects employee cynicism: the mediating role of organizational trust[J]. Journal of Business Ethics, 151（3）: 1-15.

Asrar-Ul-Haq M, Kuchinke K P, Iqbal A. 2017. The relationship between corporate social responsibility, job satisfaction, and organizational commitment: case of Pakistani higher education[J]. Journal of Cleaner Production, 142: 2352-2363.

Augier M, Teece D J. 2009. Dynamic capabilities and the role of managers in business strategy and economic performance[J]. Organization Science, 20（2）: 410-421.

Avolio B J, Gardner W L. 2005. Authentic leadership development: getting to the root of positive forms of leadership[J]. Leadership Quarterly, 16（3）: 315-333.

Avolio B J, Gardner W L, Walumbwa F O, et al. 2004. Unlocking the mask: a look at the process by which authentic leaders impact follower attitudes and behaviors[J]. Leadership Quarterly, 15（6）: 801-823.

Bai Y, Lin L, Liu J T. 2019. Leveraging the employee voice: a multi-level social learning perspective of ethical leadership[J]. The International Journal of Human Resource Management, 30（12）: 1869-1901.

Bailey C, Madden A, Alfes K, et al. 2017. The meaning, antecedents and outcomes of employee engagement: a narrative synthesis[J]. International Journal of Management Reviews, 19（1）: 31-53.

Bandura A. 2001. Social cognitive theory: an agentic perspective[J]. Annual Review of Psychology, 52（1）: 1-26.

Bandura A, Walters R H. 1977. Social Learning Theory[M]. Englewood Cliffs: Prentice Hall.

Barnett M L. 2007. Stakeholder influence capacity and the variability of financial returns to corporate social responsibility[J]. Academy of Management Review, 32（3）: 794-816.

Barney J. 1991. Firm resources and sustained competitive advantage[J]. Journal of Management, 17（1）: 99-120.

Barrena-Martínez J, López-Fernández M, Romero-Fernández P M. 2017. Socially responsible human resource policies and practices: academic and professional validation[J]. European Research on Management and Business Economics, 23（1）: 55-61.

Barreto I. 2010. Dynamic capabilities: a review of past research and an agenda for the future[J]. Journal of Management, 36（1）: 256-280.

Bass B M. 1985. Leadership and Performance Beyond Expectations[M]. New York: Free Press.

Bass B M, Steidlmeier P. 1999. Ethics, character, and authentic transformational leadership behavior[J]. The Leadership Quarterly, 10（2）: 181-217.

Bazigos M N. 2015. The advantage: why organizational health trumps everything else in business[J]. People & Strategy, 38（1）: 62-64.

Beltran-Martin I, Bou-Llusar J C, Roca-Puig V, et al. 2017. The relationship between high performance work systems and employee proactive behaviour: role breadth self-efficacy and flexible role orientation as mediating mechanisms[J]. Human Resource Management Journal, 27（3）: 403-422.

Blau P M. 1964. Exchange and Power in Social Life[M]. New York: Wiley.

Blau P M. 1965. Exchange and power in social life[J]. American Journal of Sociology, 44（1）: 128.

Bose I, Mudgal R K. 2013. Employee relations climate in leather industry in Kolkata[J]. Indian Journal of Industrial Relations, 49（1）: 13-21.

Bowen H. 1953. Social Responsibility of the Businessman[M]. New York: Harper & Row.

Brammer S, Millington A, Rayton B. 2007. The contribution of corporate social responsibility to organizational commitment[J]. The International Journal of Human Resource Management, 18（10）: 1701-1719.

Braun S, Nieberle K W A M. 2017. Authentic leadership extends beyond work: a multilevel model of work-family conflict and enrichment[J]. Leadership Quarterly, 28（6）: 780-797.

Brown M E, Trevino L K, Harrison D A. 2005. Ethical leadership: a social learning perspective for construct development and testing[J]. Organizational Behavior and Human Decision Processes, 97（2）: 117-134.

Bryson A. 2005. Union effects on employee relations in Britain[J]. Human Relations, 58（9）: 1111-1139.

Butterfield K D, Trevin L K, Weaver G R. 2000. Moral awareness in business organizations: influences of issue-related and social context factors[J]. Human Relations, 53（7）: 981-1018.

Campbell J L. 2007. Why would corporations behave in socially responsible ways? An institutional theory of corporate social responsibility[J]. Academy of Management Review, 32（3）: 946-967.

Campell D J. 2000. The proactive employee: managing workplace initiative[J]. Academy of Management Perspectives, 14（3）: 52-66.

Carr J Z, Schmidt A M, Ford J K, et al. 2003. Climate perceptions matter: a meta-analytic path analysis relating molar climate, cognitive and affective states, and individual level work outcomes[J]. Journal of Applied Psychology, 88（4）: 605-619.

Carroll A B. 1979. A three-dimensional conceptual model of corporate social performance[J]. Academy of Management Review, 4（4）: 497-505.

Carroll A B. 1991. The pyramid of corporate social responsibility: toward the moral management of organizational stakeholders[J]. Business Horizons, 34（4）: 39-48.

Chen J, Leung W S, Evans K P. 2016. Are employee-friendly workplaces conducive to innovation?[J]. Journal of Corporate Finance, 40: 61-79.

Chen L Y, Ruan R B, He P X. 2022. The double-edged sword: a work regulatory focus perspectiveon the relationship between organizational identification and innovative behaviour[J]. Creativity and Innovation Management, 31（1）: 64-76.

Colquitt J A, Scott B A, Lepine J A. 2007. Trust, trustworthiness, and trust propensity: a meta-analytic test of their unique relationships with risk taking and job performance[J]. Journal of Applied Psychology, 92（4）: 909-927.

Cooper C L, Cartwright S. 1994. Healthy mind; healthy organization—A proactive approach to occupational stress[J]. Human Relations, 47（4）: 455-471.

Davis K. 1960. Can business afford to ignore social responsibility[J]. California Management Review, 2: 70-76.

de Cremer D, Moore C. 2020. Toward a better understanding of behavioral ethics in the workplace[J]. Annual Review of Organizational Psychology and Organizational Behavior, 7（1）: 369-393.

de Hoogh A H B, den Hartog D N. 2008. Ethical and despotic leadership, relationships with leader's social responsibility, top management team effectiveness and subordinates' optimism: a multimethod study[J]. The Leadership Quarterly, 19（3）: 297-311.

Ding D R, Chen W M, Cai R L. 2017. The effects of cognition of insider' status on proactive behavior: the mediating effect of psychological capital and the moderating effect of inclusive leadership[J]. Journal of Central University of Finance and Economics, 4: 81-89.

Du S, Bhattacharya C B, Sen S. 2015. Corporate social responsibility, multi-faceted job-products, and employee outcomes[J]. Journal of Business Ethics, 31（2）: 319-335.

Duncan R B. 1972. Characteristics of organizational environments and perceived environmental uncertainty[J]. Administrative Science Quarterly, 17（3）: 313-327.

Duthler G, Dhanesh G S. 2018. The role of corporate social responsibility（CSR）and internal CSR communication in predicting employee engagement: perspectives from the United Arab

Emirates[J]. Public Relations Review, 44（4）: 453-462.

Edwards J R, Lambert L S. 2007. Methods for integrating moderation and mediation: a general analytical framework using moderated path analysis[J]. Psychological Methods, 12（1）: 1-22.

Eisenberger R, Huntington R, Hutchison S, et al. 1986. Perceived organizational support[J]. Journal of Applied Psychology, 71（3）: 500-507.

Eisenhardt K M, Martin J A. 2000. Dynamic capabilities: what are they?[J]. Strategic Management Journal, 21（10/11）: 1105-1121.

Ekeh P. 1974. Social Exchange Theory: The Two Traditions[M]. Cambridge: Harvard University Press.

Enderle G. 1987. Some perspectives of managerial ethical leadership[J]. Journal of Business Ethics, 6（8）: 657-663.

Erdogan B, Liden R C, Kraimer M L. 2006. Justice and leader-member exchange: the moderating role of organizational culture[J]. Academy of Management Journal, 49（2）: 395-406.

Evans W R, Goodman J M, Davis W D. 2010. The impact of perceived corporate citizenship on organizational cynicism, OCB, and employee deviance[J]. Human Performance, 24（1）: 79-97.

Farooq O, Payaud M, Merunka D, et al. 2014. The impact of corporate social responsibility on organizational commitment: exploring multiple mediation mechanisms[J]. Journal of Business Ethics, 125（4）: 563-580.

Farooq O, Rupp D E, Farooq M. 2017. The multiple pathways through which internal and external corporate social responsibility influence organizational identification and multifoci outcomes: the moderating role of cultural and social orientations[J]. Academy of Management Journal, 60（3）: 954-985.

Fehr R, Yam K C S, Dang C. 2015. Moralized leadership: the construction and consequences of ethical leader perceptions[J]. Academy of Management Review, 40（2）: 182-209.

Ferreira-Cotón X, Carballo-Penela A. 2016. Why manage human resources from a social responsibility perspective? An analysis of the job seekers' and employees' perceptions[J]. Strategic Labor Relations Management in Modern Organizations, 55（5）: 149-171.

Feser C, Mayol F, Srinivasan R. 2014. Decoding leadership: what really matters[J]. McKinsey Quarterly, 25（4）: 88-91.

Flammer C, Luo J. 2017. Corporate social responsibility as an employee governance tool: evidence from a quasi-experiment[J]. Strategic Management Journal, 38（2）: 163-183.

Freeman R E. 1984. Strategic Management: A Stakeholder Approach[M]. Boston: Pitman.

Frese M, Fay D. 2001. Personal initiative: an active performance concept for work in the 21st century[J]. Research in Organizational Behavior, （23）: 133-187.

Frese M, Fay D, Hilburger T, et al. 1997. The concept of personal initiative: operationalization, reliability and validity in two German samples[J]. Journal of Occupational and Organizational Psychology, 70（2）: 139-161.

Gardner W L, Cogliser C C, Davis K M, et al. 2011. Authentic leadership: a review of the literature and research agenda[J]. Leadership Quarterly, 22（6）: 1120-1145.

Ghosh K. 2018. How and when do employees identify with their organization perceived CSR, first-party（in）justice, and organizational（mis）trust at workplace[J]. Personnel Review, 47（5）: 1157-1175.

Gini A. 1997. Moral leadership and business ethics[J]. Journal of Leadership Studies, 4（4）: 64-81.

Gioia D A, Chittipeddi K. 1991. Sensemaking and sensegiving in strategic change initiation[J]. Strategic Management Journal, 12（6）: 433-448.

Glavas A, Godwin L N. 2013. Is the perception of "goodness" good cnough? Exploring the relationship between perceived corporate social responsibility and employee organizational identification[J]. Journal of Business Ethics, 114（1）: 15-27.

Glavas A, Piderit S K. 2009. How does doing good matter: corporate citizenship behaviors and their consequences within business[J]. Journal of Corporate Citizenship, （36）: 51-70.

Gond J, Akremi A E, Swaen V, et al. 2017. The psychological microfoundations of corporate social responsibility: a person-centric systematic review[J]. Journal of Organizational Behavior, 38（2）: 225-246.

Grant A M, Ashford S J. 2008. The dynamics of proactivity at work research in organizational behavior[J]. Journal of Management, 28（1）: 3-34.

Greenley G E, Foxall G R. 1997. Multiple stakeholder orientation in UK companies and the implications for company performance[J]. Journal of Management Studies, 34（2）: 259-284.

Greenley G E, Foxall G R. 1998. External moderation of associations among stakeholder orientations and company performance[J]. International Journal of Research in Marketing, 15（1）: 51-69.

Greenwood M, van Buren H J. 2010. Trust and stakeholder theory: trustworthiness in the organisation-stakeholder relationship[J]. Journal of Business Ethics, 95（3）: 425-438.

Hannah S T, Avolio B J. 2010. Moral potency: building the capacity for character-based leadership[J]. Consulting Psychology Journal: Practice and Research, 62（4）: 291-310.

Hannah S T, Avolio B J, May D R. 2011a. Moral maturation and moral conation: a capacity approach to explaining moral thought and action[J]. Academy of Management Review, 36（4）: 663-685.

Hannah S T, Avolio B J, Walumbwa F O. 2011b. Relationships between authentic leadership, moral courage, and ethical and pro-social behaviors[J]. Business Ethics Quarterly, 21（4）: 555-578.

Hansen S D, Dunford B B, Boss A D, et al. 2011. Corporate social responsibility and the benefits of employee trust: a cross-disciplinary perspective[J]. Journal of Business Ethics, 102（1）: 29-45.

Haque A, Fernando M, Caputi P. 2019. Responsible leadership, affective commitment and intention to quit: an individual level analysis[J]. Leadership & Organization Development Journal, 40（1）: 45-64.

Hayes A F. 2013. Introduction to mediation, moderation, and conditional process analysis: a regression-based approach[J]. Journal of Educational Measurement, 51（3）: 335-337.

Helfat C, Finkelstein S, Mitchell W, et al. 2007. Dynamic capabilities: understanding strategic change in organizations[J]. Academy of Management Review, 30（1）: 203-207.

Henderson J E, Brookhart S M. 1996. Leader authenticity: key to organizational climate, health, and perceived leader effectiveness[J]. Journal of Leadership & Organizational Studies, 3（4）: 87-103.

Higgins E T. 1997. Beyond pleasure and pain[J]. American Psychology, 52（12）: 1280-1300.

Hirst G, Walumbwa F, Aryee S, et al. 2016. A multi-level investigation of authentic leadership as an antecedent of helping behavior[J]. Journal of Business Ethics, 139（3）: 485-499.

Hofstede G. 1984. Culture's Consequences: International Differences in Work-related Values[M]. Beverly Hills: Sage.

Hong Y, Liao H, Raub S, et al. 2016. What it takes to get proactive: an integrative multilevel model of the antecedents of personal initiative[J]. Journal of Applied Psychology, 101（5）: 687-701.

Howell J M, Avolio B J. 1992. The ethics of charismatic leadership: submission or liberation?[J]. The Executive, 6（2）: 43-54.

Hsieh C C, Wang D S. 2015. Does supervisor-perceived authentic leadership influence employee work engagement through employee-perceived authentic leadership and employee trust?[J]. International Journal of Human Resource Management, 26（18）: 1-20.

Hu Y, Zhu L, Li J, et al. 2018. Exploring the influence of ethical leadership on voice behavior: how leader-member exchange, psychological safety and psychological empowerment influence employees' willingness to speak out[J]. Frontiers in Psychology, 29（9）: 17-18.

Hur W M, Moon T W, Choi W H. 2019. When is internal and external corporate social responsibility initiatives amplified? Employee engagement in corporate social responsibility initiatives on prosocial and proactive behaviors[J]. Corporate Social Responsibility and Environmental Management, 23（3）: 1-10.

Hur W M, Moon T W, Ko S H. 2018. How employees' perceptions of CSR increase employee creativity: mediating mechanisms of compassion at work and intrinsic motivation[J]. Journal of Business Ethics, 153（3）: 629-644.

Hwang K. 1987. Face and favor: the Chinese power game[J]. American Journal of Sociology, 92（4）: 944-974.

Ilies R, Morgeson F P, Nahrgang J D. 2005. Authentic leadership and eudaemonic well-being: understanding leader-follower outcomes[J]. Leadership Quarterly, 16（3）: 373-394.

Ireland R D, Hitt M. 1999. Achieving and maintaining strategic competitiveness in the 21st century: the role of strategic leadership[J]. Academy of Management Executive, 13（1）: 43-57.

Javed M, Rashid M A, Hussain G, et al. 2020. The effects of corporate social responsibility on corporate reputation and firm financial performance: moderating role of responsible leadership[J]. Corporate Social Responsibility and Environmental Management, 27（3）: 1395-1409.

Jia L, Shaw J D, Tsui A S, et al. 2014. A social-structural perspective on employee-organization relationships and team creativity[J]. Academy of Management Journal, 57（3）: 869-891.

Jino M J, Mathew H E. 2021. Can formalisation ensure ethical behaviour among teachers? The mediating role of moral efficacy[J]. Business Perspectives and Research, 9（2）: 306-323.

Johns G. 2017. Advances in the treatment of context in organizational research[J]. Annual Review of Organizational Psychology and Organizational Behavior, 24（4）: 1-17.

Kahn W A. 1990. Psychological conditions of personal engagement and disengagement at work[J]. The Academy of Management Journal, 33（4）: 692-724.

Kalshoven K, den Hartog D N, de Hoogh A H B. 2011. Ethical leadership at work questionnaire （ELW）: development and validation of a multidimensional measure[J]. The Leadership Quarterly, 22（1）: 51-69.

Kim B J, Jung S Y, Jung J Y. 2022. "Does a good firm diminish the bad behavior of its employees?": the sequential mediation effect of organizational trust and organizational commitment, and the moderation effect of work overload[J]. International Journal of Environmental Research and Public Health, 4（8）: 1-19.

Kim D, Vandenberghe C. 2021. Ethical leadership and organizational commitment: the dual perspective of social exchange and empowerment[J]. Leadership & Organization Development Journal, 42（6）: 976-987.

Kinnunen U, Feldt T, Mauno S. 2016. Authentic leadership and team climate: testing cross-lagged relationships[J]. Journal of Managerial Psychology, 31（2）: 331-345.

Kipfelsberger P, Herhausen D, Bruch H. 2016. How and when customer feedback influences organizational health[J]. Journal of Managerial Psychology, 31（2）: 624-640.

Korkmaz M. 2007. The effects of leadership styles on organizational health[J]. Educational Research Quarterly, 30（3）：22-54.

Krishnaveni R, Monica R. 2016. Identifying the drivers for developing and sustaining engagement among employees[J]. IUP Journal of Organizational Behavior, 15（3）：7.

Kuenzi M, Mayer D M, Greenbaum R L. 2020. Creating an ethical organizational environment：the relationship between ethical leadership, ethical organizational climate, and unethical behavior[J]. Personnel Psychology, 73（1）：43-71.

Kuo C C, Ye Y C, Chen M Y, et al. 2017. Psychological flexibility at work and employees' proactive work behavior：cross-level moderating role of leader need for structure[J]. Applied Psychology, 67（3）：23-44.

Kwon B, Farndale E, Park J G. 2016. Employee voice and work engagement：macro, meso, and micro-level drivers of convergence?[J]. Human Resource Management Review, 26（4）：327-337.

Lee H W, Pak J, Kim S, et al. 2019. Effects of human resource management systems on employee proactivity and group innovation[J]. Journal of Management, 45（2）：819-846.

Lencioni P. 2012. The Advantage：Why Organizational Health Trumps Everything Else in Business[M]. San Francisco：Jossey-Bass.

Li Y P, Zheng X, Liu Z. 2019. The effect of perceived insider status on employee voice behavior：a study from the perspective of conservation of resource theory[J]. Chinese Journal of Management, 22（14）：196-204.

Lin X, Clay P F, Hajli N, et al. 2018. Investigating the impacts of organizational factors on employees' unethical behavior within organization in the context of Chinese firms[J]. Journal of Business Ethics, 150（3）：779-791.

Liu Y S, Liu S Z, Zhang Q C, et al. 2021. Does perceived corporate social responsibility motivate hotel employees to voice? The role of felt obligation and positive emotions[J]. Journal of Hospitality and Tourism Management, 48：182-190.

Lockwood P, Jordan C H, Kunda Z. 2002. Motivation by positive or negative role models：regulatory focus determines who will best inspire us[J]. Journal of Personality and Social Psychology, 83（4）：854-864.

Lovett S, Simmons L C, Kali R. 1999. Guanxi versus the market：ethics and efficiency[J]. Journal of International Business Studies, 30（2）：231-247.

Lyden J A, Klingele W E. 2000. Supervising organizational health[J]. Supervision, 61（12）：3-6.

Macey W H, Schneider B. 2008. The meaning of employee engagement[J]. Industrial and organizational Psychology, 1（1）：3-30.

Maignan I, Ferrell O C. 2000. Measuring corporate citizenship in two countries：the case of the

United States and France[J]. Journal of Business Ethics, 23（3）: 283-297.

Maignan I, Ferrell O C. 2001. Corporate citizenship as a marketing instrument—Concepts, evidence and research directions[J]. European Journal of Marketing, 35（3/4）: 457-484.

Maslach C, Schaufeli W B, Leiter M P. 2001. Job burnout[J]. Annual Review of Psychology, 52（1）: 397-422.

May D R, Luth M T, Schwoerer C E. 2014. The influence of business ethics education on moral efficacy, moral meaningfulness, and moral courage: a quasi-experimental study[J]. Journal of Business Ethics, 124（1）: 67-80.

Mayer D M, Kuenzi M, Greenbaum R, et al. 2009. How low does ethical leadership flow? Test of a trickledown model[J]. Organizational Behavior and Human Decision Processes, 108（1）: 1-13.

McHugh M, Brotherton C. 2000. Health is wealth-organisational utopia or myopia?[J]. Journal of Managerial Psychology, 15（8）: 744-770.

McWilliams A, Siegel D. 2001. Corporate social responsibility: a theory of the firm perspective[J]. Academy of Management Review, 26（1）: 117-127.

Megha S. 2016. A brief review of employee engagement: definition, antecedents and approaches[J]. International Journal of Research in Commerce & Management, 7（6）: 79-88.

Meng F, Zhang J, Huang Z. 2014. Perceived organizational health as a mediator for job expectations: a multidimensional integrated model[J]. Public Personnel Management, 43（3）: 355-370.

Meng H, Cheng Z C, Guo T C. 2016. Positive team atmosphere mediates the impact of authentic leadership on subordinate creativity[J]. Social Behavior and Personality, 44（3）: 355-368.

Miles M B. 1969. Planned Change and Organizational Health: Figure and Ground[M]. New York: McGraw Hill.

Millington A, Eberhardt M, Wilkinson B. 2005. Gift giving, guanxi and illicit payments in buyer-supplier relations in China: analysing the experience of UK companies[J]. Journal of Business Ethics, 57（3）: 255-268.

Mirvis P. 2012. Employee engagement and CSR: transactional, relational, and developmental approaches[J]. California Management Review, 4（4）: 93-117.

Morgeson F P, Aguinis H, Waldman D A, et al. 2013. Extending corporate social responsibility research to the human resource management and organizational behavior domains: a look to the future[J]. Personnel Psychology, 66（4）: 805-824.

Neubert M J, Kacmar K M, Carlson D S, et al. 2008. Regulatory focus as a mediator of the influence of initiating structure and servant leadership on employee behavior[J]. Journal of Applied Psychology, 93（6）: 1220-1232.

Newman A, Nielsen I, Miao Q. 2015. The impact of employee perceptions of organizational corporate social responsibility practices on job performance and organizational citizenship behavior: evidence from the Chinese private sector[J]. The International Journal of Human Resource Management, （26）: 1226-1242.

Ngo H Y, Lau C M, Foley S. 2008. Strategic human resource management, firm performance, and employee relations climate in China[J]. Human Resource Management, 47（1）: 73-90.

O'Reilly C A, Chatman J. 1986. Organizational commitment and psychological attachment: the effects of compliance, identification, and internalization on prosocial behavior[J]. Journal of Applied Psychology, 71（3）: 492-499.

Ogunfowora B, Maerz A, Varty C. 2021. How do leaders foster morally courageous behavior in employees? Leader role modeling, moral ownership, and felt obligation[J]. Journal of Organizational Behavior, 42（4）: 483-503.

Ostroff C, Kinicki A J, Tamkins M M. 2003. Organizational Culture and Climate[M]. Hoboken: John Wiley & Sons.

Owens B P, Yam K C, Bednar J S, et al. 2019. The impact of leader moral humility on follower moral self-efficacy and behavior[J]. Journal of Applied Psychology, 104（1）: 146-163.

Pan J F. 2018. The influence mechanism of employee-oriented human resource management on employees' proactive behavior[J]. Open Access Library Journal, 92（5）: 344-355.

Pandita S, Singhal R. 2017. The influence of employee engagement on the work-life balance of employees in the IT sector[J]. IUP Journal of Organizational Behavior, 16（1）: 38.

Park S Y, Lee C K, Kim H. 2018. The influence of corporate social responsibility on travel company employees[J]. International Journal of Contemporary Hospitality Management, 30（1）: 178-196.

Parker S K, Collins C G. 2010. Taking stock: integrating and differentiating multiple proactive behaviors[J]. Journal of Management, 36（3）: 633-662.

Parker S K, Williams H M, Turner N. 2006. Modeling the antecedents of proactive behavior at work[J]. Journal of Applied Psychology, 91（3）: 636-652.

Paterson T A, Huang L. 2019. Am I expected to be ethical? A role-definition perspective of ethical leadership and unethical behavior[J]. Journal of Management, 45（7）: 2837-2860.

Pavlou P A, El Sawy O A. 2011. Understanding the elusive black box of dynamic capabilities[J]. Decision Sciences, 42（1）: 239-273.

Peter S H, Alexander N. 2014. The impact of perceived corporate social responsibility on organizational commitment and the moderating role of collectivism and masculinity: evidence from China[J]. The International Journal of Human Resource Management, 25（5）: 631-652.

Peterson D K. 2002. The relationship between unethical behavior and the dimensions of the ethical climate questionnaire[J]. Journal of Business Ethics, 41（4）: 313-326.

Peus C, Wesche J S, Streicher B, et al. 2012. Authentic leadership: an empirical test of its antecedents, consequences, and mediating mechanisms[J]. Journal of Business Ethics, 107（3）: 331-348.

Piccolo R F, Greenbaum R, Hartog D N, et al. 2010. The relationship between ethical leadership and core job characteristics[J]. Journal of Organizational Behavior, 31（2/3）: 259-278.

Pivato S, Misani N, Tencati A. 2010. The impact of corporate social responsibility on consumer trust: the case of organic food[J]. Business Ethics: A European Review, 17（1）: 3-12.

Pless N M, Maak T. 2005. Relational intelligence for leading responsibly in a connected world[C]. Academy of Management Annual Meeting Proceedings.

Pless N M, Maak T, Waldman D A. 2012. Different approaches toward doing the right thing: mapping the responsibility orientations of leaders[J]. Academy of Management Perspectives, 26（4）: 51-65.

Porter M E. 1985. Competitive Advantage: Creating and Sustaining Superior Performance[M]. New York: Free Press.

Porter M E. 2008. Competitive Advantage: Creating and Sustaining Superior Performance[M]. New York: Simon and Schuster.

Porter M E, Kramer M R. 2006. The link between competitive advantage and corporate social responsibility[J]. Harvard Business Review, 84（12）: 78-92.

Preacher K J, Hayes A F. 2004. SPSS and SAS procedures for estimating indirect effects in simple mediation models[J]. Behavior Research Methods Instruments & Computers, 36（4）: 717-731.

Priesemuth M, Schminke M. 2019. Helping thy neighbor? Prosocial reactions to observed abusive supervision in the workplace[J]. Journal of Management, 45（3）: 1225-1251.

Prieto I M, Easterby-Smith M. 2006. Dynamic capabilities and the role of organizational knowledge: an exploration[J]. European Journal of Information Systems, 15（5）: 500-510.

Prior D, Surroca J, Tribo J A. 2008. Are socially responsible managers really ethical? Exploring the relationship between earnings management and corporate social responsibility[J]. Corporate Governance: An International Review, 16（3）: 160-177.

Protogerou A, Caloghirou Y, Lioukas S. 2012. Dynamic capabilities and their indirect impact on firm performance[J]. Industrial and Corporate Change, 21（3）: 615-647.

Quick J C, Macik-Frey M, Cooper C L. 2007. Managerial dimensions of organizational health: the healthy leader at work[J]. Journal of Management Studies, 44（2）: 189-205.

Rahimnia F, Sharifirad M S. 2015. Authentic leadership and employee well-being: the mediating role of attachment insecurity[J]. Journal of Business Ethics, 132（2）: 363-377.

Ramamoorthy N, Flood P C. 2002. Employee attitudes and behavioral intentions: a test of the main and moderating effects of individualism-collectivism orientations[J]. Human Relations, 55（9）: 1071-1096.

Ramamoorthy S, Salamon A Z, Santhanam R. 2012. Macroscopes: models for collective decision making[J]. arXiv preprint arXiv.

Rank J, Pace V L, Frese M. 2004. Three avenues for future research on creativity, innovation, and Initiative[J]. Applied Psychology, 53（4）: 518-528.

Raub S. 2016. When employees walk the company talk: the importance of employee involvement in corporate philanthropy[J]. Human Resource Management, 56（5）: 837-850.

Remo N. 2012. Comparing two models of employee engagement: an examination of antecedents and outcome variables[D]. Doctoral Dissertation of the University of Windsor.

Resick C J, Hanges P J, Dickson M W, et al. 2006. A cross-cultural examination of the endorsement of ethical leadership[J]. Journal of Business Ethics, 63（4）: 345-359.

Rich B L, Lepine J A, Crawford E R. 2010. Job engagement: antecedents and effects on job performance[J]. Academy of Management Journal, 53（3）: 617-635.

Riordan C M, Vandenberg R J, Richardson H A. 2005. Employee involvement climate and organizational effectiveness[J]. Human Resource Management, 44（4）: 471-488.

Robinson S L. 1996. Trust and breach of the psychological contract[J]. Administrative Science Quarterly, 41（4）: 574-599.

Roeck K D, Akremi A E, Swaen V. 2016. Consistency matters! How and when does corporate social responsibility affect employees' organizational identification?[J]. Journal of Management Studies, 53（7）: 1141-1168.

Roeck K D, Faroop O. 2018. Corporate social responsibility and ethical leadership: investigating their interactive effect on employees' socially responsible behaviors[J]. Journal of Business Ethics, 151（4）: 923-939.

Rousseau D M. 1990. New hire perceptions of their own and their employer's obligations: a study of psychological contracts[J]. Journal of Organizational Behavior, 11（5）: 389-400.

Rupp D E, Ganapathi J, Williams A C A. 2006. Employee reactions to corporate social responsibility: an organizational justice framework[J]. Journal of Organizational Behavior, 27（4）: 537-543.

Rupp D E, Shao R, Skarlicki D P, et al. 2018. Corporate social responsibility and employee engagement: the moderating role of CSR-specific relative autonomy and individualism[J]. Journal of Organizational Behavior, 39（5）: 559-579.

Rupp D E, Shao R, Thornton M A, et al. 2013. Applicants' and employees' reactions to corporate social responsibility: the moderating effects of first-party justice perceptions and moral identity[J]. Personnel Psychology, 66（4）: 895-933.

Saks A M. 2006. Antecedents and consequences of employee engagement[J]. Journal of Managerial Psychology, 21（7）: 600-619.

Schaufeli W B, Salanova M, González-Romá V, et al. 2002. The measurement of engagement and burnout: a two sample confirmatory factor analytic approach[J]. Journal of Happiness Studies, 3（1）: 71-92.

Scheepers C B, Elstob S L. 2016. Beneficiary contact moderates relationship between authentic leadership and engagement[J]. Journal of Human Resource Management, 14（1）: 1-10.

Schein E H. 2004. Organizational Culture and Leadership[M]. 3rd ed. San Francisco: Jossey-Bass.

Schein E H. 2010. Organizational Culture and Leadership[M]. 4th ed. San Francisco: Jossey-Bass.

Schneider B, Reichers A. 1983. On the etiology of climates[J]. Personnel Psychology, 36（1）: 19-39.

Schoemaker P J H, Krupp S, Howland S. 2013. Strategic leadership: the essential skills[J]. Harvard Business Review, 91（1）: 131-134.

Scott R W. 1995. Institutions and Organizations[M]. Thousand Oaks: Sage.

Scott S G, Bruce R A. 1994. Determinants of innovative behavior: a path model of individual innovation in the workplace[J]. Academy of Management Journal, 37（3）: 580-607.

Shanker M. 2014. A study on organizational climate in relation to employees' intention to stay[J]. Journal of Psychosocial Research, 9（2）: 389-397.

Sheldon O. 1924. The Philosophy of Management[M]. London: Sir Isaac Pitman and Sons Ltd.

Shen J. 2011. Developing the concept of socially responsible international human resource management[J]. International Journal of Human Resource Management, 22（2）: 1351-1363.

Shen J, Benson J. 2016. When CSR is a social norm: how socially responsible human resource management affects employee work behavior[J]. Journal of Management, 42（6）: 1723-1746.

Shen J, Zhu C J. 2011. Effects of socially responsible human resource management on employee organizational commitment[J]. International Journal of Human Resource Management, 22（3）: 3020-3035.

Shin Y, Sung S Y, Choi J N, et al. 2015. Top management ethical leadership and firm performance: mediating role of ethical and procedural justice climate[J]. Journal of Business Ethics, 129（1）: 43-57.

Shoaf C, Genaidy A, Karwowski W, et al. 2004. Improving performance and quality of working life: a model for organizational health assessment in emerging enterprises[J]. Human Factors and Ergonomics in Manufacturing & Service Industries, 14（1）: 81-95.

Shore L M, Tetrick L E, Lynch P, et al. 2006. Social and economic exchange: construct development and validation[J]. Journal of Applied Social Psychology, （36）: 837-867.

Slovic P. 1966. Cue-consistency and cue-utilization in judgment[J]. American Journal of Psychology, 79（3）：427-434.

Song L J, Tsui A S, Law K S. 2009. Unpacking employee responses to organizational exchange mechanisms: the role of social and economic exchange perceptions[J]. Journal of Management, 35（1）：56-93.

Sonpar K, Pazzaglia F, Kornijenko J. 2010. The paradox and constraints of legitimacy[J]. Journal of Business Ethics, 95（1）：1-21.

Stamper C L, Masterson S S. 2002. Insider or outsider? How employee perceptions of insider status affect their work behavior[J]. Journal of Organization Behavior, 23（3）：875-894.

Stoyanova T, Iliev I. 2017. Employee engagement factor for organizational excellence[J]. International Journal of Business and Economic Sciences Applied Research, 10（1）：23-29.

Su X, Xu A, Lin W, et al. 2020. Environmental leadership, green innovation practices, environmental knowledge learning, and firm performance[J]. SAGE Open, 10（2）：1-14.

Suchman M C. 1995. Managing legitimacy: strategic and institutional approaches[J]. Academy of Management Review, 20（3）：571-610.

Supanti D, Butcher K. 2019. Is corporate social responsibility（CSR）participation the pathway to foster meaningful work and helping behavior for millennials?[J]. International Journal of Hospitality Management, 77：8-18.

Swanson D L. 1999. Toward an integrative theory of business and society: a research strategy for corporate social performance[J]. Academy of Management Review, 24（3）：506-521.

Teece D J. 2007. Explicating dynamic capabilities: the nature and microfoundations of （sustainable）enterprise performance[J]. Strategic Management Journal, 28（13）：1319-1350.

Teece D J. 2012. Dynamic capabilities: routines versus entrepreneurial action[J]. Journal of Management Studies, 49（8）：1395-1401.

Teece D J, Pisano G. 1994. The dynamic capabilities of firms: an introduction[J]. Industrial and Corporate Change, 3（3）：537-556.

Thomas W H N, Yam K C, Aguinis H. 2019. Employee perceptions of corporate social responsibility: effects on pride, embeddedness, and turnover[J]. Personnel Psychology, 72（1）：107-137.

Tian Q, Robertson J L. 2019. How and when does perceived CSR affect employees' engagement in voluntary proenvironmental behavior[J]. Journal of Business Ethics, 155（2）：399-412.

Townsend K, Wilkinson A, Burgess J. 2014. Routes to partial success: collaborative employment relations and employee engagement[J]. International Journal of Human Resource Management, 25（6）：915-930.

Trevino L K. 1986. Ethical decision making in organizations: a person-situation interactionist model[J]. Academy of Management Review, 11（3）: 601-617.

Trevino L K, Weaver G R, Reynolds S J. 2006. Behavioral ethics in organizations: a review[J]. Journal of Management, 32（6）: 951-990.

Triandis H C, Gelfand M J. 1998. Converging measurement of horizontal and vertical individualism and collectivism[J]. Journal of Personality and Social Psychology, 74（1）: 118.

Tsui A S, Pearce J L, Porter L W, et al. 1997. Alternative approaches to the employee-organization relationship: does investment in employees pay off?[J]. Academy of Management Journal, 40（5）: 1089-1121.

Tsui A S, Wang H, Xin K R. 2006a. Organizational culture in China: an analysis of culture dimensions and culture types[J]. Management and Organization Review, 2（3）: 345-376.

Tsui A S, Zhang Z X, Wang H, et al. 2006b. Unpacking the relationship between CEO leadership behavior and organizational culture[J]. The Leadership Quarterly, 17（2）: 113-137.

Turker D. 2009. How corporate social responsibility influences organizational commitment[J]. Journal of Business Ethics, 89（2）: 189-204.

Valentine S, Varca G P E. 2010. Role conflict, mindfulness, and organizational ethics in an education-based healthcare institution[J]. Journal of Business Ethics, 94（3）: 455-469.

Valizade D, Ogbonnaya C, Tregaskis O, et al. 2016. A mutual gains perspective on workplace partnership: employee outcomes and the mediating role of the employment relations climate[J]. Human Resource Management Journal, 26（3）: 351-368.

Vanhonacker W R. 2004. Guanxi networks in China[J]. China Business Review, 31（3）: 48-53.

Voegtlin C. 2011. Development of a scale measuring discursive responsible leadership[J]. Journal of Business Ethics, 98（1）: 57-73.

Waldman D A, Siegel D S, Javidan M. 2006. Components of CEO transformational leadership and corporate social responsibility[J]. Journal of Management Studies, 43（8）: 1703-1725.

Wallace J C, Popp E, Mondore S. 2006. Safety climate as a mediator between foundation climates and occupational accidents: a group-level investigation[J]. Journal of Applied Psychology, 91（3）: 681-688.

Walumbwa F O, Avolio B J, Gardner W L, et al. 2008. Authentic leadership: development and validation of a theory-based measure[J]. Journal of Management, 34（1）: 89-126.

Walumbwa F O, Mayer D M, Wang P, et al. 2011. Linking ethical leadership to employee performance: the roles of leader-member exchange, self-efficacy, and organizational identification[J]. Organizational Behavior and Human Decision Processes, 115（2）: 204-213.

Walumbwa F O, Schaubroeck J. 2009. Leader personality traits and employee voice behavior: mediating roles of ethical leadership and work group psychological safety[J]. Journal of Applied

Psychology, 94（5）: 1275-1286.

Wang C L, Senaratne C, Rafiq M. 2015. Success traps, dynamic capabilities and firm performance[J]. British Journal of Management, 26（1）: 26-44.

Wang D, Tsui A S, Zhang Y, et al. 2003. Employment relationships and firm performance: evidence from an emerging economy[J]. Journal of Organizational Behavior, 24（5）: 511-535.

Wang H, Sui Y, Luthans F, et al. 2014. Impact of authentic leadership on performance: role of followers' positive psychological capital and relational processes[J]. Journal of Organizational Behavior, 35（5）: 5-21.

Wang H, Tong L, Takeuchi R, et al. 2016. Corporate social responsibility: an overview and new research directions: thematic issue on corporate social responsibility[J]. Academy of Management Journal, 59（2）: 534-544.

Wang H, Tsui A S, Xin K R. 2011. CEO leadership behaviors, organizational performance, and employees' attitudes[J]. Leadership Quarterly, （22）: 92-105.

Wang S, Huang W, Gao Y, et al. 2015. Can socially responsible leaders drive Chinese firm performance?[J]. Leadership & Organization Development Journal, 36（4）: 435-450.

Wernerfelt B. 1984. A resource-based view of the firm[J]. Strategic Management Journal, 5（2）: 171-180.

Winter S G. 2003. Understanding dynamic capabilities[J]. Strategic Management Journal, 24（10）: 991-995.

Wisse B, Eijbergen R V, Rietzschel E F, et al. 2018. Catering to the needs of an aging workforce: the role of employee age in the relationship between corporate social responsibility and employee satisfaction[J]. Journal of Business Ethics, 147（4）: 875-888.

Wu C H, Parker S K, Wu L Z, et al. 2018. When and why people engage in different forms of proactive behavior: interactive effects of self-construal and work characteristics[J]. Academy of Management Journal, 61（1）: 293-323.

Wu L Y. 2007. Entrepreneurial resources, dynamic capabilities and start-up performance of Taiwan's high-tech firms[J]. Journal of Business Research, 60（5）: 549-555.

Wu L Y. 2010. Applicability of the resource-based and dynamic-capability views under environmental volatility[J]. Journal of Business Research, 63（1）: 27-31.

Wu L Z, Kwan H K, Yim F H, et al. 2015. CEO ethical leadership and corporate social responsibility: a moderated mediation model[J]. Journal of Business Ethics, 130（4）: 819-831.

Xi M, Xu Q, Wang X, et al. 2017a. Partnership practices, labor relations climate, and employee attitudes: evidence from China[J]. ILR Review, 70（5）: 1196-1218.

Xi M, Zhao S, Xu Q. 2017b. The influence of CEO relationship-focused behaviors on firm performance: a chain-mediating role of employee relations climate and employees' attitudes[J]. Asia Pacific Journal of Management, 34（1）: 173-192.

Yan X F, Espionsa-Cristia J F, Kumari K, et al. 2022. Relationship between corporate social responsibility, organizational trust, and corporate reputation for sustainable performance[J]. Sustainability, 14（14）: 1-15.

Yang X. 2019. The impact of responsible leadership on employee green behavior: mediating effect of moral reflectiveness and moderating effect of empathy[J]. IOP Conference Series Materials Science and Engineering, 677（5）: 052054.

Yang Y, Konrad A M. 2011. Diversity and organizational innovation: the role of employee involvement[J]. Journal of Organizational Behavior, 32（8）: 1062-1083.

Yin J, Wang H, Huang M P. 2012. Empowering leadership behavior and perceived insider status: the moderating role of organization-based self-esteem[J]. Acta Psychological Sinica, 44（10）: 1371-1382.

Zadek S. 2004. The path to corporate responsibility[J]. Harvard Business Review, 82（12）: 125.

Zahra S A, Sapienza H J, Davidsson P. 2006. Entrepreneurship and dynamic capabilities: a review, model and research agenda[J]. Journal of Management Studies, 43（4）: 917-955.

Zhang Y, Zhang Z. 2006. Guanxi and organizational dynamics in China: a link between individual and organizational levels[J]. Journal of Business Ethics, 67（4）: 375-392.

Zhang Z, Zyphur M J, Preacher K J. 2009. Testing multilevel mediation using hierarchical linear models[J]. Organizational Research Methods, 12（4）: 695-719.

Zhao H, Tang X. 2015. A literature review of perceived insider status[J]. Foreign Economics and Management, 37（7）: 56-65.

Zhao L, Lee J, Moon S. 2019. Employee response to CSR in China: the moderating effect of collectivism[J]. Personnel Review, 48（3）: 839-863.

Zhou K Z, Wu F. 2010. Technological capability, strategic flexibility, and product innovation[J]. Strategic Management Journal, 31（5）: 547-561.

Zollo M, Winter S G. 2002. Deliberate learning and the evolution of dynamic capabilities[J]. Organization Science, 13（3）: 339-351.

Zwetsloot G, Pot F. 2004. The business value of health management[J]. Journal of Business Ethics, 55（2）: 115-124.